井戸尻の縄文土器 ①

藤内遺跡32号住居址出土土器

長野県富士見町井戸尻考古館 編

テクネ

長野県富士見町井戸尻考古館

　八ヶ岳西南麓では縄文時代（約12,000～2,000年前）の生活文化を伝える遺跡がこれまで多数発掘されてきました。館内には、富士見町内で発掘調査した資料のうち、二千点余りの土器や石器が年代順に並べられ、その移り変わりや用途を知ることができます。また、住居展示や食物・装身具なども併せて展示し、一見すればわかるように工夫されています。また、土器や土偶など図像の解読で明らかになった当時の宗教観や世界観・神話なども意欲的に解説しています。

　館外には、5,300平方メートルの敷地に配石遺構のほか、栽培作物圃場・石器材料岩石園を設け、当時の食生活や農具の究明を行っています。また、史跡井戸尻には復元家屋が建ち、涸れることのない湧水の音に耳を傾けると、しばし縄文の世界に浸ることができます。考古館の隣には、この地域の民俗資料を収集した歴史民俗資料館が併設されています。

- 場所：〒399-0101 長野県諏訪郡富士見町境７０５３
  TEL：0266(64)2044　FAX：0266(64)2787
  E-mail：idojiri@town.fujimi.lg.jp
  http://userweb.alles.or.jp/fujimi/idojiri.html
- 開館時間：午前9時～午後5時(休館日：月曜日・祝日の翌日・年末年始)
- 鉄　道：JR中央本線信濃境駅下車 徒歩１５分。
- 自動車：中央自動車道小淵沢ICより信濃境方面へ６Km　約１５分。
  国道２０号線上蔦木信号より信濃境方面へ２Km上る　約５分。

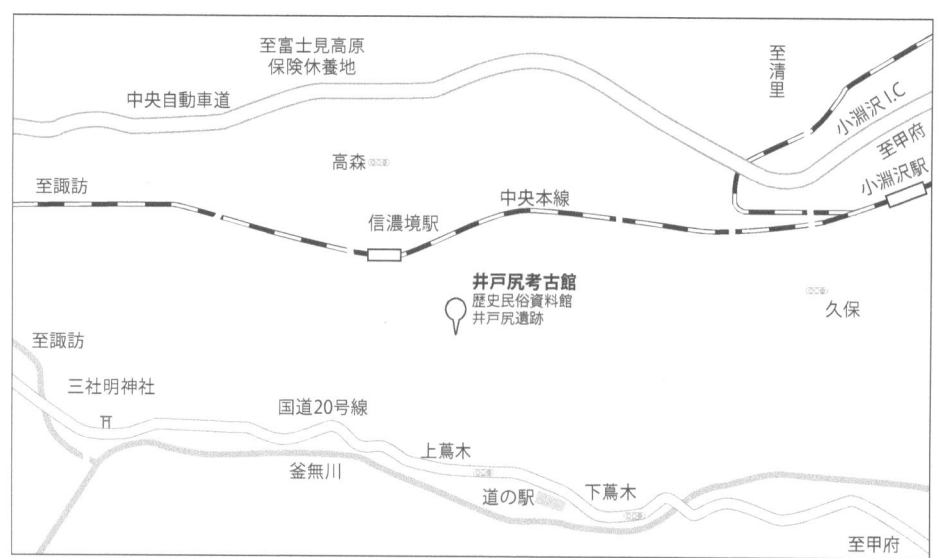

井戸尻の縄文土器 [1] 藤内遺跡32号住居址出土土器　カラー版
Jomon Potteries in Idojiri [1] Tounai Ruins Dwelling Site #32　Color Edition

編者：長野県富士見町教育委員会 井戸尻考古館	Edited by Fujimi-cho Board of Education Idojiri Archaeological Museum
2版発行：2015年6月15日	2nd Edition: Published on 15 June, 2015
印刷製本：CreateSpace, An Amazon.com Company	Printed by CreateSpace, An Amazon.com Company
発行所：株式会社テクネ	Published by Texnai, Inc.
東京都渋谷区宇田川町 2-1	2-1 Udagawa-cho, Shibuya-ku, Tokyo, Japan
Tel: 03-3464-6927　Fax: 03-3476-2372	Tel: 81-3-3464-6927　Fax: 81-3-3476-2372
e-mail:texnai @ texnai.co.jp　http://www.texnai.co.jp/POD/	
© 長野県富士見町教育委員会 井戸尻考古館、2015	© Fujimi-cho Board of Education Idojiri Archaeological Museum, 2015
ISBN 978-4-907162-88-7	

例　言

　井戸尻考古館では、主として縄文土器・土偶に関し、かねてより発掘資料の画像データベース化を進めてきたが、この度、一般向けに遺跡別の図録をオンデマンド出版のかたちで刊行することになった。本書は、その第一巻で、2002年に国の重要文化財に指定された藤内遺跡出土土器の内、第32号住居址出土の主要な縄文土器10点を収録したものである。遺跡ならびに土器の解説については、2011年に刊行した調査報告書『藤内―先史哲学の中心―』から抜粋、若干の編集をほどこして転載した。写真については画像データベース構築の際に撮影した多視点画像のうち、土器ごとに最小3点を選び、1ページに1点という方針で割り付けた。オンデマンド出版は、組版データの入力後、印刷から製本までを一貫して自動的に処理できるシステムの開発によって実現した出版形態で1冊からでも出版できる点に特徴がある。印刷としては従来のオフセット印刷とは若干差異があるが、これもひとつの特徴として受け止めていただければ幸いである。　以下、解説、写真の著作者、表記について記す。

1. 解説執筆者：小林公明・樋口誠司・小松隆史
2. 実測図作成
　　土器：小口明子・小池敦子・佐藤裕子・田中基・樋口誠司・山中絵里子
　　遺構製図：小林美知子　　土器製図：樋口誠司
3. 多視点写真撮影：関浩明・平出教枝・鳥居諭・深沢武雄 / 株式会社テクネ
4. 遺構図ほかの表記法は以下の通りである。
　　1) 方位は磁北を指す。
　　2) 水糸高は標高（m）を示す。
　　3) 一点破線は埋められた遺構を示す。
　　4) 土器の図で網目の部分は器表の剥落もしくは欠損を表す。また指標線が口縁部にあるものは対向する表裏面、胴部にあるものは左右の側面である。
　　5) 土器データ最終行のID番号は、井戸尻考古館画像データベースのID番号である。
5. 制作：深沢武雄・平出教枝・鳥居諭（画像処理）浜崎伸（OCR）/ 株式会社テクネ

目次

　藤内遺跡の発見と発掘調査 ……………………………………………… 5
　藤内遺跡32号住居址とその出土土器 …………………………………… 9
　図録
　　神像筒形土器（しんぞうつつがたどき） ……………………………… 18
　　蛙文鉢（かえるもんばち） ……………………………………………… 26
　　四方に目を持つ大鉢（しほうにめをもつおおばち） ………………… 30
　　区画文筒形土器（くかくもんつつがたどき） ………………………… 34
　　十字文筒形土器（じゅうじもんつつがたどき） ……………………… 38
　　片目を戴く神像文系深鉢（かためをいただくしんぞうもんけいふかばち） ………… 42
　　楕円区画文深鉢（だえんくかくもんふかばち） ……………………… 46
　　素文口縁深鉢（そもんこうえんふかばち） …………………………… 50
　　蛇文双眼深鉢（じゃもんそうがんふかばち） ………………………… 54
　　目を戴く変形みづち文深鉢（めをいただくへんけいみづちもんふかばち） ………… 60

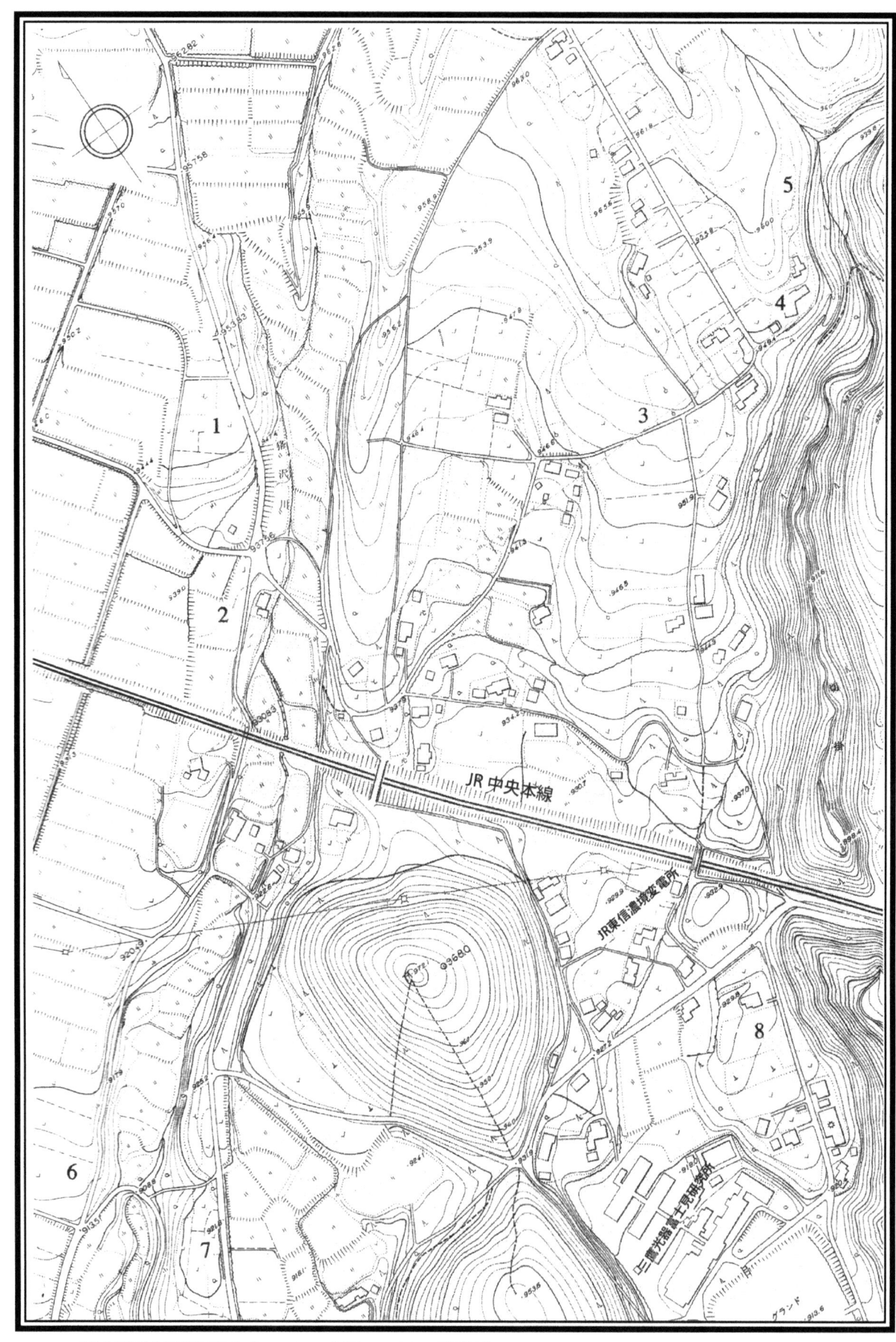

藤内遺跡付近地形図〈1：5000 昭和50年7月測図〉
1. 九兵衛尾根　2. 狢沢　3. 藤内　4. 新道　5. 籠畑　6. 唐渡宮　7. 居平　8. 森平

藤内遺跡の発見と発掘調査

富士見町教育委員会調査報告書『藤内』（2011）より

1. 遺跡の環境

　藤内遺跡は、中央東線信濃境駅の北北西600mの烏帽子地籍に位置する。この辺りから見る八ヶ岳は、火山列最南端の編笠山を真ん中にして、左右に西岳と三ッ頭が等しい高さと距離をもって従うようにしている。そのさまはいかにも柔和で均整がとれ、そう思ってみれば鷲の飛び立つ姿にも似ている。

　編笠山は（2,524m）の山腹と裾野との境には、鼻戸屋と呼ばれる小鼻のような双頭の高まり（1,423m）がある。およそ20～15万年前に噴出した溶岩丘で、その後の15～10万年前に編笠山の円頂丘が出来たとされる。絶妙にも、鼻戸屋の存在によって編笠山

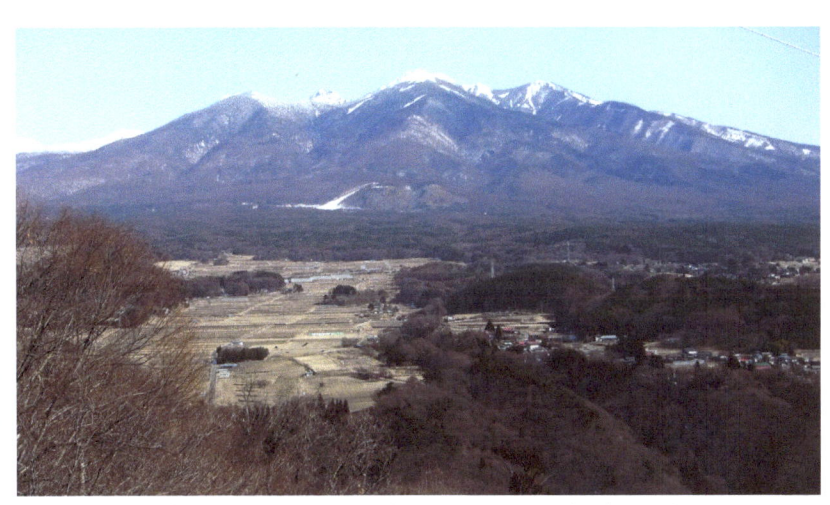

八ヶ岳西南麓の景観。中央に藤内、九兵衛尾根などの遺跡が見える。

は正面性をそなえ、その頂上と鼻戸屋を結ぶ線は山体と山麓の中軸をなしている。諏訪盆地からみても甲府盆地からみても、東西の方角を限る接空線がこれである。そして、その中軸線の延びるところが烏帽子地籍の狢沢川右岸なのである。

　そうしたことが与かってか、狢沢川を中にして東の切掛川と西の母沢川とで仕切られた尾根筋には縄文前期から中期の遺跡が密集し、切掛川によって二分される井戸尻遺跡群の西側の支群をなしている。すなわち九兵衛尾根・狢沢・藤内・新道・籠畑・唐渡宮・居平ほかの遺跡群である（藤内遺跡付近地形図）[*1]。

　これらのうち中期前半に属する九兵衛尾根・藤内・新道の三遺跡は、およそ標高950mに並んでいる。新道は前葉の住居址一基が発見されているのみであるが、藤内の東方150m、痩せ尾根の末端の緩斜面である。九兵衛尾根は西方350m、狢沢川右岸に位置する。初頭から中葉の集落址である。藤内は中葉に営まれた集落であるから、先行する九兵衛尾根遺跡との関係が当然にも想定される。

　ここは東西幅120m、この辺とすればかなりゆったりした尾根であり、南北230mほどが遺跡範囲と目される。戦後に開拓される時分は、こんにち高森地籍へ抜ける横道から上は松林、下は刈敷林だったという。湧き水が三箇所あり、一つは尾根の西縁と横道の交点のすぐ下（落合3722番8の宅地の東北隅）で、いまも出ている。またその西方100mほどの所にもあり、当時は一枚だけ田（3722番7）が作られていた。もう一箇所は東側の高森開拓の縦道に近い境9505番26の畑にあったが、これは平成になっての道路改良によって水道が変わったらしく、枯れてしまったという[*2]。おそらく数千年前、ここに居住した人々もこれらの湧き水を使っていたことだろう。

1　九兵衛尾根・狢沢・新道遺跡については、藤森栄一編『井戸尻』（中央公論美術出版　昭40）に研究報告がある。
　籠畑遺跡については、武藤雄六「長野県富士見町籠畑遺跡の調査」（考古学集刊4-1　昭43）の報告がある。
　唐渡宮・居平遺跡については、『唐渡宮』（富士見町教育委員会　1988）に報告がある。
　居平遺跡は『井戸尻』にも報告がある。

2　小平辰夫・中村久一・小林一徳氏の話による。

2. 沿革

(1) 遺跡の発見

　戦後の昭和22年、この地籍は食糧増産のため農地開発営団によって開拓されることになり、5戸が入植した。その一人に小平辰夫氏がいた。茅野市南大塩の出で、実家が宮坂英弌（みやさかふさかず）先生の家の近くだった。父親も教員だったことから、尋常小学校から尋常高等小学校のころにかけて幾年も、夏休みや春秋の休みには尖石遺跡発掘のおてこ（手伝い）をさせられ、自ずと土器や石器に関心を持つようになったという。

　開墾作業は軍隊で使っていた6トンの戦車のような牽引車が4台くらいきて、径5cmもある太い鋼鉄のワイヤーで雑木や松を5、6本束ねて立木のまま根扱ぎにするというものだった。そのあと牽引車に大型プラウをつけて鋤き、しまいはエンショッ鍬（開墾鍬）と三本歯の万能鍬による手作業で、一日に10坪くらいを整地して畑にしたという。そうした開墾作業によって、石器時代の遺物が地表にあがってきたのである。ほどなく結婚した夫人の和子さんも歴史好きで、夫妻はともに忙しい重労働の合間に土器、石器を集めるようになった。そんな折、父親の小平今朝雄氏が渦巻文のある土器の把手を宮坂先生に見せたことから、最初の発掘が行われることになった。昭和28年11月に小平辰夫氏の畑で、翌29年3月には藤森隆男氏の畑で行われ、それぞれ1・2号住居址、3〜8号住居址が発掘された。作業には小平辰夫・増沢賢の両氏と諏訪清陵高校地歴部・岡谷東高校郷土班が参加した[*3]。

　ちなみに、奇しくも同じ28年の夏、隣接する新道地籍で藤森栄一氏の諏訪考古学研究所によって住居址1基が発掘されていた[*4]。

(2) 往年の発掘

　とんで36年の秋、遺跡を斜めに縦断して水道管の布設工事が行われた。手掘りで作業できるだけの70cm幅、深さ1.3mの布設溝に住居址の断面が七箇所ほど露呈した。作業に当たったのは小平辰夫・藤森国光の両氏だった。いちばん東寄りの住居址では厚さ15cmくらいの炭層が堆積しており、火災にあった住居址と目された。

　これが動機となって翌37年の3月と6月、井戸尻遺跡保存会による発掘が行われた。33年春の井戸尻遺跡発掘の画期的な成果を受けて結成された保存会は、毎春、著名遺跡の調査を手掛けてきた。その4年次めの発掘であり、担当者は藤森栄一氏、井戸尻発掘以来の清陵高校地歴部が参加した。3月には東西11m、南北12mの範囲で祭礼址または墳墓のような遺構と考えられる「特殊遺構」に当たり、6月には9号住居址を調査した。

　また同年の夏から冬にかけて、小平辰夫氏は数箇所で遺物のまとまりを発見し、それぞれ住居跡の存在を確かめた。10・11・14・15号址がこれに該当する。農作業や、まだ残っている松の根を抜き取る作業によるものだった。

　昭和40年7月、藤森栄一編『井戸尻』（中央公論美術出版）が刊行される。これまでの藤内遺跡発掘の記録は、そこに収められた。

（3）宅地化に伴う調査 ― 32号住居址の発掘

　それから20年を経ようとするころ、世情は大きく変わっていた。昭和59年（1984）の春、遺跡の一角は別荘の用地として売買された（3722番63　394m²）。降ってわいた話に急遽、文化財係は新しい所有者に連絡をとった。が、基礎が沈

3　宮坂英弌「長野県諏訪郡藤内遺跡（第一次）」日本考古学年報6　昭38
　　宮坂英弌「長野県諏訪郡藤内遺跡（第二次）」日本考古学年報7　昭33
4　松沢亜生「長野県諏訪郡新道の中期縄文土器」考古学手帖1　1958
　　藤森栄一「長野県諏訪郡新道遺跡」日本考古学年報6　昭38

下する恐れがあるとの理由で、事前の発掘調査の承諾は得られなかった。ただ、床掘りの立合い調査と水道本管からの引き込み部分についての発掘は了承してもらえた。

調査は 5 月 8 日から 27 日にかけて行い、3 ヶ所に住居址を確認した。そのうち東側のものは埋め戻された土目であった。小平さんにも見てもらったところ、全体の位置からして昭和 28 年発掘の 2 号址であろうと判断された。

晩秋になって地主から、隣接する筆（3722 番 23 732m²）も別荘用地として手離す予定であるとの話があった。今度は事前に発掘を行うことで合意し、緊急調査に入った。作業は 11 月 22 日に着

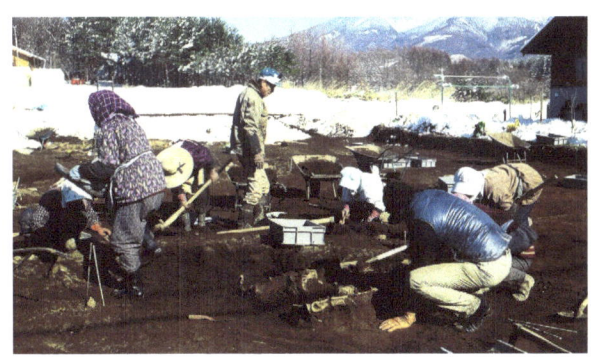

昭和 59 年（1984）、富士見町教育委員会による発掘風景

手し、12 月 24 日までに辛くも掘り上げて 29 日、重機による埋戻によるしを終了した。32 号を含むむ住居址 11 基と墓群とみられる多数の小竪穴、それに環状集落のいわゆる中央広場の一角が現われた。「神像筒形土器」が 32 号住居址から出土したのもこの時だった。

（４）深耕による石の露出

それから一年後の昭和 60 年（1985）の暮れ、3722 番 25 の畑には飼料用トウモロコシの作付けのために大型トラクターが入り、これまでにない天地返しがなされた。それによつて、地表下の浅い位置にあった多数の石が上がってしまった。土器片や石器も散らばっていたが、幸いなことに土器のまとまった個体破片は見当たらなかった。それは 63 年の冬まで続き、同年冬には隣接する 3722 番 36 の畑でも深耕が行われた。また遺跡を東西に横断する横道下の 3722 番 18 の畑でもなされ、多数の石が露出した。やむなくその度に平板測量を行い、石に番号を振って考古館に収蔵したのである。

横道上の二筆で露出した石は、およそ 130 個。長径 60cm を越える大きなものから拳ほどの小さなものまであり、形状も平板なものや柱状のもの、鏡餅状のものほか様々で、磨りうすもある。大方は安山岩で、輝緑岩や硬砂岩も混じる。分布範囲からみて、それらの多くは墓に伴う標石のようなものであろう。また、3722 番 25 の筆の北側では六箇所、住居址の埋没が認められた。円形に土目が黒っぽく、土器片も散在する。

いっぽう、横道下の 3722 番 18 の筆で露出した石は 30 個余。その半数は径 40 ～ 50cm 以上の安山岩の礫で、長径 70cm に達するものもあった。

（５）道路改良に伴う調査

昭和 63 年（1988）、東隣の高森地籍の道路（高森西村線）と藤内地籍の道路（農村総合整備モデル事業農道整備 36 号烏帽子工区）の拡幅改良工事が行われることになった。これに伴って発掘調査の対象となるのは、高森地籍へ抜ける横道と遺跡の東寄りの縦道である。

そこで同年の 11 月 16 日から 12 月 1 日まで横道の烏帽子分を、翌平成元年（1989）の 3 月 26 日から 4 月 27 日まで高森分の発掘を行った。つづいて同年の 9 月 13 日から 11 月 29 日に、縦道の発掘を行った。横道分は 1,600m²、住居址 1 基と小竪穴 100 基ほどを検出した。縦道分は 750m²、住居址 9 基と小竪穴 60 基を調査した。

これをもって、足掛け 6 年にわたる緊急の調査はようやく一段落した。

とんで平成 20 年（2008）、防災用の同報無線屋外子局が 3722 番 21 の畑に設置されることになり、9 月 9 日から 21 日まで調査を行った。面積は 10m²、遺構は認められなかった。

（6）遺跡の保護

　道路工事に伴う発掘が終わった翌平成2年（1990）の春、今度は先の別荘用地の北側に接する3722番25の畑の一角も宅地としての売買がなされた。そこが宅地化されれば、環状集落の核心部の東半分が失われてしまう。もはや、当該部分を町で買い取るほかなかった。その方向で町長が決断したのは、昭和59年に発掘された「神像筒形土器」の存在に負うところが大きかった。

　相手方との交渉の紆余曲折を経て平成3年4月、二筆656m²を買い取ることが出来た。さらに、元の地主が所有する3722番25の筆のうち1,630m²を同年12月に買い取る。そして、平成5年10月には3722番25の残る772m²と3722番71の山林325m²を買い取るに至った。合わせて5筆、3,383m²の町有化が成ったのである。

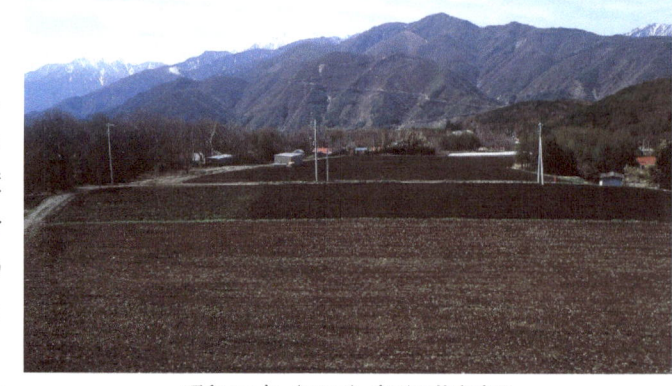

昭和58年（1983）春頃の藤内遺跡

　しかし平成6年以降は町の財政が厳しくなり、それ以上の買い取りは中断を余儀なくされた。越えて平成18年（2006）3月、教育委員会では町有地とこれに隣接する藤森光友氏の畑〈3722番24　1,245m²〉を町の史跡に指定した。

　いっぽう平成14年（2002）6月、藤内遺跡の出土品199点が重要文化財に指定された。特殊遺構と9号ならびに32号住居址から出土した土器47点、石器151点、それに16号住居址から出土した土偶1点である[*5]。

　町指定文化財でもあったその「蛇を頂く土偶」は、前年の13年11月、共同発見者の小平辰夫・小林泰・武藤雄六の三氏より教育委員会に寄贈された。その折に、もう一人の発見者の小平和子さんの発案で「巳を戴く神子（へびいただくみこ）」と名付けられた。

（小林公明）

5　ちなみに、同年夏から秋に藤内遺跡出土品重要文化財指定記念展「甦る高原の縄文王国」が開催された。
　　記念展図録『藤内』富士見町教育委員会　2002
　　講演録集『甦る高原の縄文王国』富士見町教育委員会　2003
　　『甦る高原の縄文王国』言叢社　2004

藤内遺跡 32 号住居址とその出土土器

富士見町教育委員会調査報告書『藤内』(2011) より

　藤内遺跡では、昭和 28 年 (1953) の最初の発掘から平成 20 年 (2008) までに 4 回の発掘調査が行われた。
第 1 次は、昭和 28 年から 29 年の宮坂英弌による発掘。
第 2 次は、昭和 37 年 (1962) の井戸尻遺跡保存会による発掘。
第 3 次は、昭和 59 年 (1984) の宅地化に伴う富士見町教育委員会による発掘
第 4 次は、昭和 63 年 (1988) から平成元年 (1989) の道路改良にかかわる発掘。
平成 20 年 (2008) には同報無線子局に伴う調査が行われたが小面積のうえ遺構も検出されなかった。ここでとりあげる 32 号住居址は、昭和 59 年に行われた第 3 次発掘調査によって検出された遺構である。

1. 遺構（第 1 図）

　第三次発掘の本体は、鍵形の発掘区であった。そこでは 32 号住居址を含む 11 基の住居址と 300 に及ぼうとする小竪穴群が検出された。そのうち発掘区の西辺中ほどにかかる住居址は、予想外にも前期のものであった。他は中期中葉に属する。発掘区の北隅では、群在する小竪穴がはたと途絶え、円弧状の縁をみせる空地となった。環状集落の、いわゆる中央広場の一角と目される。発掘区の耕作土の厚さは 20cm 前後で、その中からも遺物が出土した。耕作土の下には遺物を包含する褐色土層が厚く発達しており、15〜30cm でローム層となる。

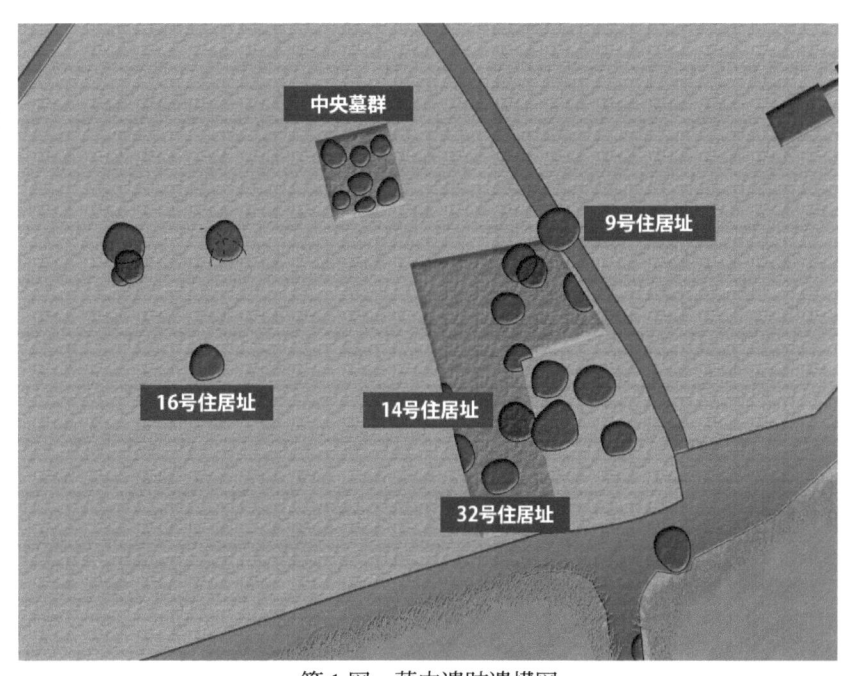

第 1 図　藤内遺跡遺構図

2. 第 32 号住居址（第 2 図）

　第 32 号住居址は、長径 5.9m、短径 5.0m で、東南側がすぼまる卵形を呈する。ロームの掘り込みは西北側で 50cm 弱、東南側で 40cm 余である。壁の直下には周溝が廻り、南東側が跡切れている。そこには細い柱もしくは杭を立てた小穴が等間隔に並んでいる。主たる柱穴は 1〜6 で、内側に位置する 7 と 8 もこれらに準ずる。9 は浅いが、主柱穴と同等の位置にある。3・4・7 ではいずれも径 18cm の柱痕を確認した。これらの柱穴を結んで、真っ直な溝が廻る。東側半分には段差が設けられる。内と外に仕切られた床の高低差は柱穴 4〜6 の間が最も大きくて 13〜15cm、他は 4〜7 cm となっている。一段高い外側の床は、内側の床ほど固くはなく、杭を打ったような小穴がいくつか検出された。

藤内遺跡 32 号住居址とその出土土器

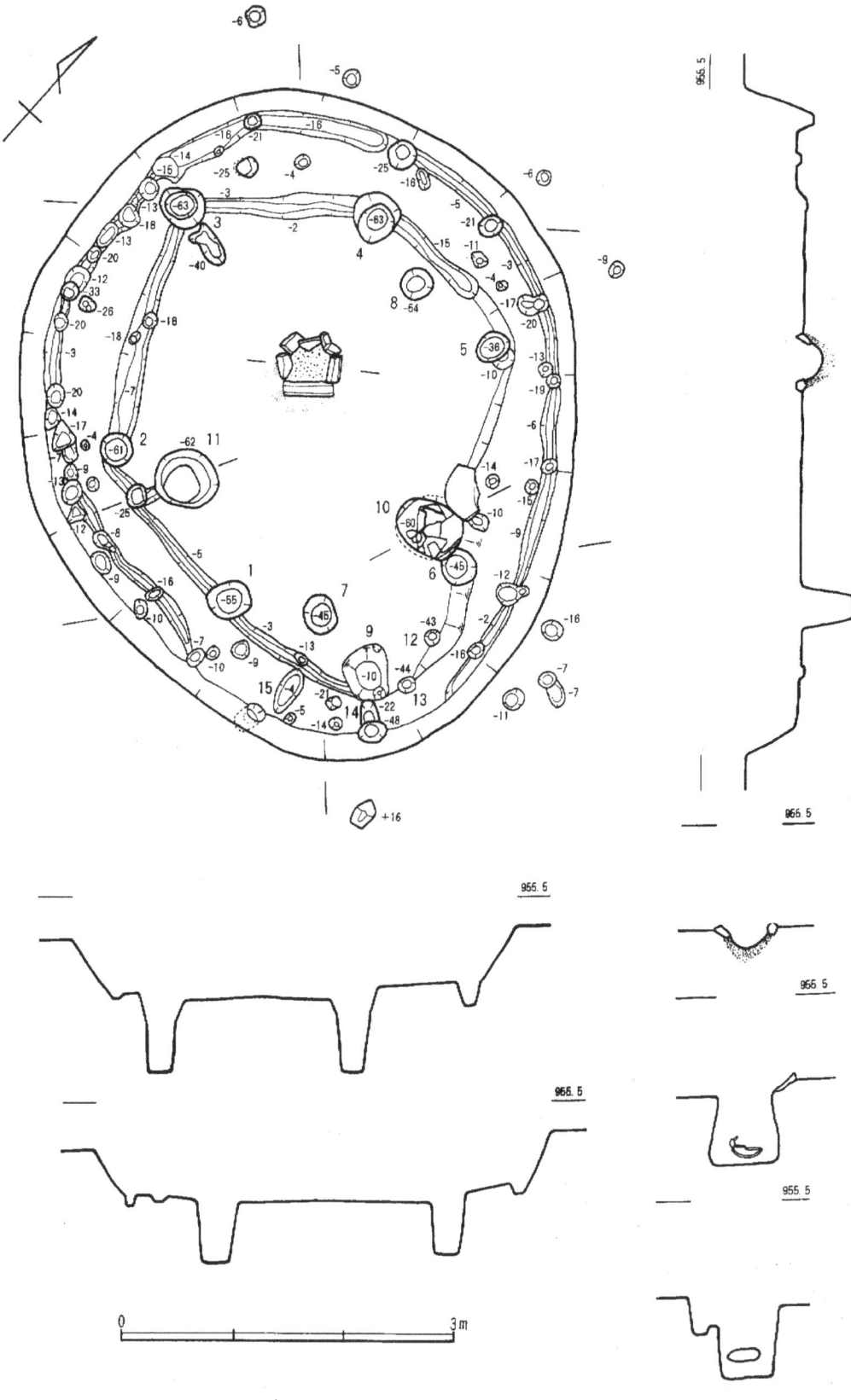

第 2 図　32 号住居址（1：60）

炉は、手前と右辺に五角柱状節理の角閃石石英安山岩を据え、他は安山岩の手頃な石を時計回りに組んでいる。角柱状の炉石は接合する。もとの長さは71cmである。炉床は擂鉢状に凹み、12cm厚に焼けている。また、炉石の東南側半分の床は赤く焼けている。

ほぼ同等な大きさと深さの穴10と11は、対をなすような位置関係にある。10は巾着形で、その縁から床の段差にかかって安山岩の大きな板石280が置かれていた。貯蔵穴であり、傍らの板石は蓋か重石にでも使用されたのだろう。底には深鉢33が潰れた状態で遺存し、ほかに31と10の土器、それに219・236・241・256の石器が一緒に入っていた。11の中ほどには、厚さ12cmの鏡餅状をしたロームが蓋のように残されていた。また、柱穴2の中ほどに乳棒状石斧283が横になっていた。

卵形の長軸方向と主柱穴の配置、それに炉の向きはうまく整合しない。だが焚口の炉石の向きを重視すれば、奥側の柱穴3と4が平行関係にあり、2と5、1と6が左右に対応する6本柱となる。その場合、注意されるのは、南東側の外床に設けられた溝状の穴14と15である。双方とも浅い底が甚だ固くてつるつるしていた。出入用の梯子かなにかの施設にかかわるものと考えられる。14と15の間から炉の中心を通る線を主軸線と想定しうる。

いっぽう、内側に位置する柱穴7と8に着目すると、柱穴3を頂点として2と8、7と6が対応する規則的な柱穴配置が浮かび上がってくる。その場合、入口の施設に関わるものと思われるのは、杭を立てたような穴12と13であり、対をなしている。炉辺の床の赤く焼けた箇所は、旧い時期の炉跡ではないかと思われる。杭穴12・13ならびに柱穴6・7の間から柱穴3を結ぶ主軸線を想定すると、それは旧炉の一角を掠める。

こうしてみると、32号址は新旧ふたつの時期があったと考えられる。旧い方は、藤内Ⅰ古期に当たるだろう。

なお、竪穴の西北から東南側の縁に沿って浅い小穴が七、八つ並んでおり、入口側には円柱状の石が斜めに立っていた。本址となんらかの関係があるものと思われる。

つぎに記すとおり、この住居址には大量の遺物が集積されていた。時期は藤内Ⅰ期である。

3. 32号住居址の発掘経過

(1) 32号址上面（第3図）

32号址の埋没していた一帯は、耕作土層の下に約10cm厚の赤っぽい褐色土層があり、その下は褐色土に暗褐色土の混じったような、もしくは暗褐色土とローム質の黄褐色土が斑らになった土層だった。その厚さ約20cmで地山のローム面に達する。上部の褐色土上面から石が現れはじめ、以下の土層中の東西5m、南北3mの範囲に大小の石や石器、土器が集中していた。この範囲の褐色土は黒味が強く、炭粒が混じっている。全体として東側の石や石器は高めの位置にあり、西側の遺物群のうち特に土器は、ローム面に相当する低い位置にあった。高低差25cmほどである。

南側の一角には大形な浅鉢61が据えられ、その中に65と66の深鉢が横になっていた。また別な深鉢62と64が重なり、これらに接して63の深鉢がそれぞれ大浅鉢にもたれかかるように倒れていた。これら土器群の北東側には、磨りうす334が伏せられていた。北側にも遺物がまとまっており、磨りうす333や土器68・67が遺されていた。ほか、石器は30点余にのぼる。また拳大から幼児の拳大、親指の頭大の安山岩の小石が整理箱で1箱分ある。

ただし、土器には時期差がある。61の大浅鉢と62の深鉢は藤内Ⅰ式である。しかも62の底部は分離して、32号址上部の遺物群中にあった。他の土器は井戸尻Ⅰ式に属する。土器片は、整理箱で2箱余り出土した。井戸尻Ⅰ式が主で、藤内Ⅰ式が少し混じる。なお、前期末の籠畑Ⅱ式土器の口縁部破片も見出された。

これら遺物群の下に住居址が埋没していたのである。大浅鉢61や62・64・63の深鉢はちょうどその最上面の位置にあり、67の底部はそれより8cmほど低い位置にある。

(2) 上部（第4図）

遺物群を取り上げると、ちょうどそれらの範囲に合致するような暗褐色の円形に住居址の輪郭があらわれた。その周囲

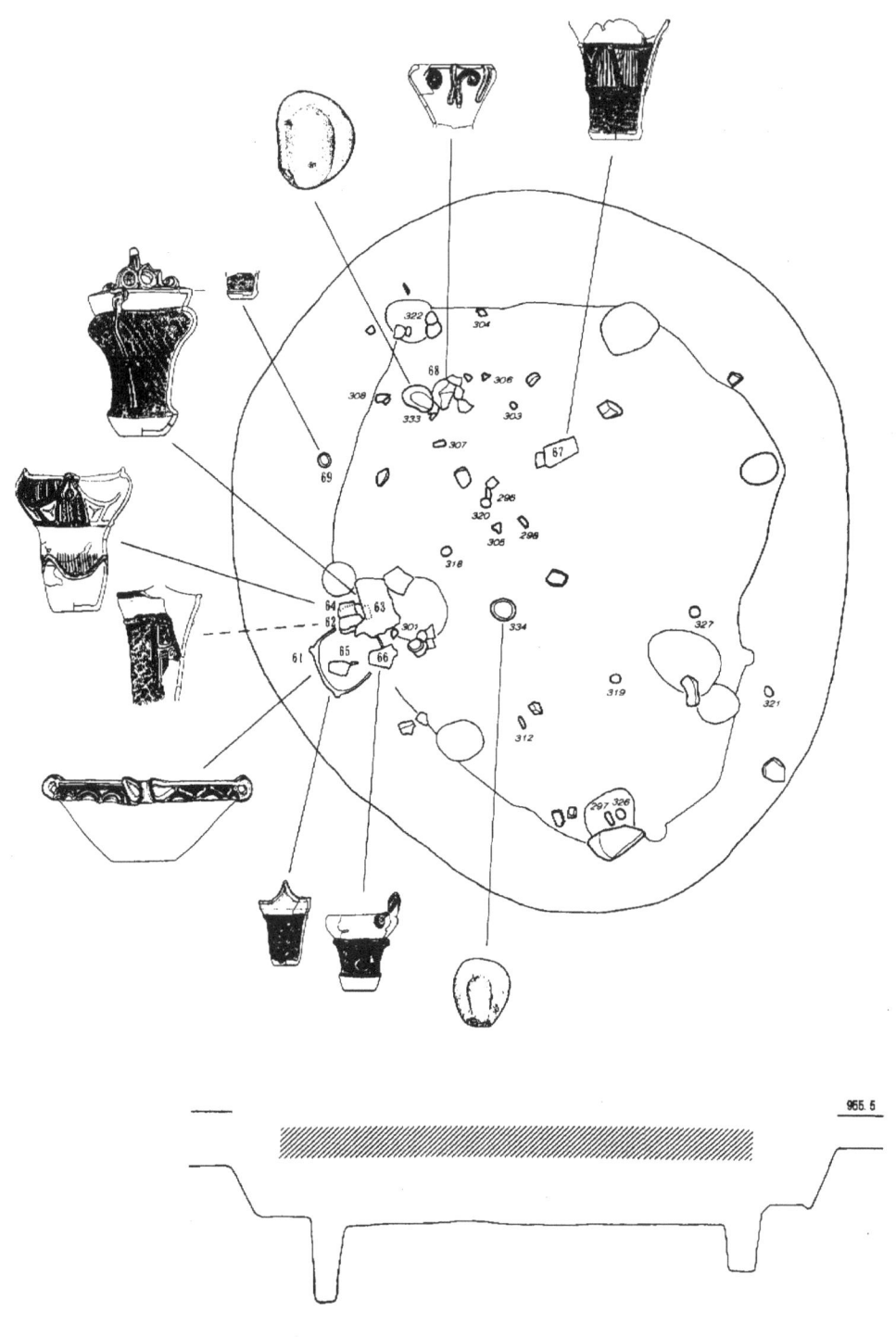

第3図　32号住居址上面の遺物（1：60）

は黄色のロームと暗褐色土の斑らな面をなしていた。この段階では気付かなかったが、住居址の外床に相当する範囲の堆積土上面である。

　竪穴の最上部のおよそ10cmの間は、遺物がほとんど見当たらない。その下の住居址中央部には長径2.1m、短径1.7mの範囲に、厚さ5～10cmほどの焼土層が介在し（網目の範囲）、周囲は炭粒混じりの暗褐色土である（破線の範囲）。これらの土層中から多量の遺物が出土した。石器は打製石器が多く、凹石類が少ないという印象だった。小石も多かった。全体とし

て西北側は遺物が少なく、暗褐色堆土中の木炭粒が多い。38・40・14の土器は割れたり潰れたりしているが、器形を保っていた。24の口縁の一部と底の円板部は、それぞれ3A・4A区の表土層から出土している。これの傍に先に述べた62の底部がある。39の土器も底部のみで、他の部分は分散して出土した。

　測量図を整理してみると、いちばん高い位置の遺物や石の下端は、焼土の一番高い上面にほぼ一致する。焼土の最下面との高低差は15cmである。それで、この間の状態を当該図に表した。

(3) 中部（第5図）

　以下は住居址の床まで切れ目なく土器・石器、小石が集積されていた。図面では下端の高さが床より10cmを目安として床直上の遺物として扱い、それより上、焼土層まで15cmの間の遺物を分離した。実際の発掘と測量も概ねこのようであった。

　堆土は上部より黒味が強い。石器は凹石類が優勢で、小石や礫も多いという印象だった。北側は遺物が少ない。大形な土器30の破片は上部から続いて散らばり、左反対側の15の土器の傍にもある。有孔土器29は形を保ったまま逆さになっていた。41・25・15・42も程度の差はあれ、ほぼ器形を保っていた。42には45が入れ子になっていた。44は下半部のみで、他の部分は分散している。一部は上面から出土している。8の土器に接する26はやはり底部のみで、他の部分は分散している。

　はじめは土層観察の畦を残したが、早々に廃した。この段階では、壁に沿う明褐色の堆土も並行して下げている。通常は断面が直角三角状を呈する堆土であるが、遺物を含む暗褐色堆土との境は住居の壁のように急角度で立ち上がっていた。端的にいえば断面が直角台形をなす。58の椀鉢はその中から出土した。

　また、東南側の卵形にすぼまる辺りでは、最大幅1mくらいの三日月形の範囲に30cm厚くらいのやや明るい斑らな褐色土が堆積し、その下に潜るようにして暗褐色堆土があり、数センチ厚の薄い焼土層が介在した。壁際はいわゆる三角堆土であった。

(4) 下部（第6図）

　床より10cmは、ほぼ外床の高さにあたる。この段階で、外側の堆土が外床の段に相当する範囲に堆積していたことが判明した。18と36の土器は奥壁近くの外床にあり、36は器形を保っていた。

　17・34・16はほぼ器形を保ち、9・32・22は床に押し潰れていた。神像筒形土器23は数箇所に散らばり、下胴部はぺしゃんこになって床に密着していた。炉の北側の床上には、小形な磨りうす276が残されていた。石囲炉の東北側（破線の範囲）の堆土は、最後まで木炭が多くて黒かった。床は鋤簾で掻くとロームがぼろぼろとして、さほど固くしまってはいない。

(5) 石と土器片

　住居址に集積されていた遺物は、図示した土器と石器のほかに整理箱いっぱいの土器片が7箱分と硬砂岩や粘板岩、ホルンフェルスの石片が1箱ある。また安山岩の礫も多く、拳大から幼児の拳大、さらに親指の頭ほどの小石が整理箱で4箱ある。長径15cmから30cmくらいの大きさのものは10個ほどにとどまる。

　しまいに、62と24と44のほか住居址外から出土した土器片との接合関係をみると、7の一部は3A区褐色土層からも出土している。11は2A区褐色土層から四分の一弱が出土している。中部から床にかけて出土した13の一部は、32号址上面と3B区と4B区の褐色土中、および3C区の表土中と褐色土中から出土している。のみならず、胴部の半周ほどは14号住居址の床と貯蔵穴16の中にあった。全体としてみれば32号址内にあった部分の方が少ない。46の底部の円板は158号小竪穴にあった。54の一部は2A区の表土中から出土している。55の一部は3B区褐色土層から出土している。

（小林公明・樋口誠司）

藤内遺跡32号住居址とその出土土器

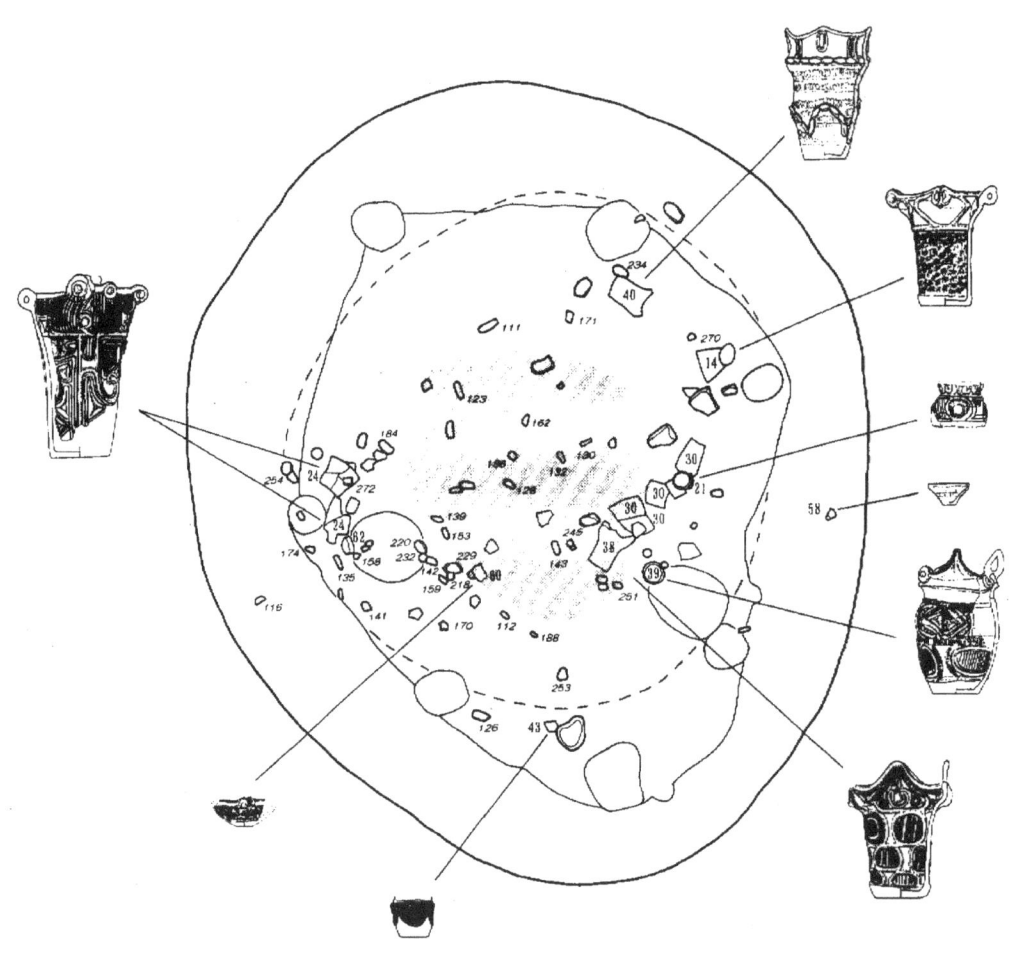

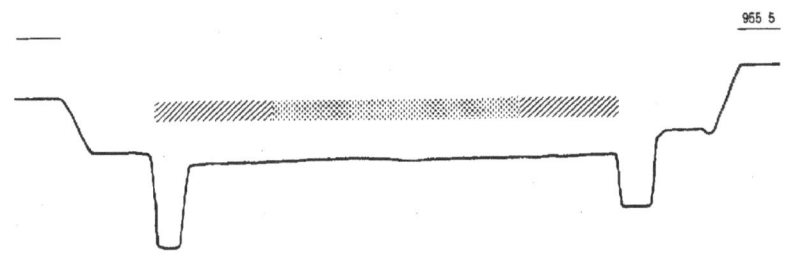

第4図　32号住居址上部の遺物（1：60）

14

藤内遺跡32号住居址とその出土土器

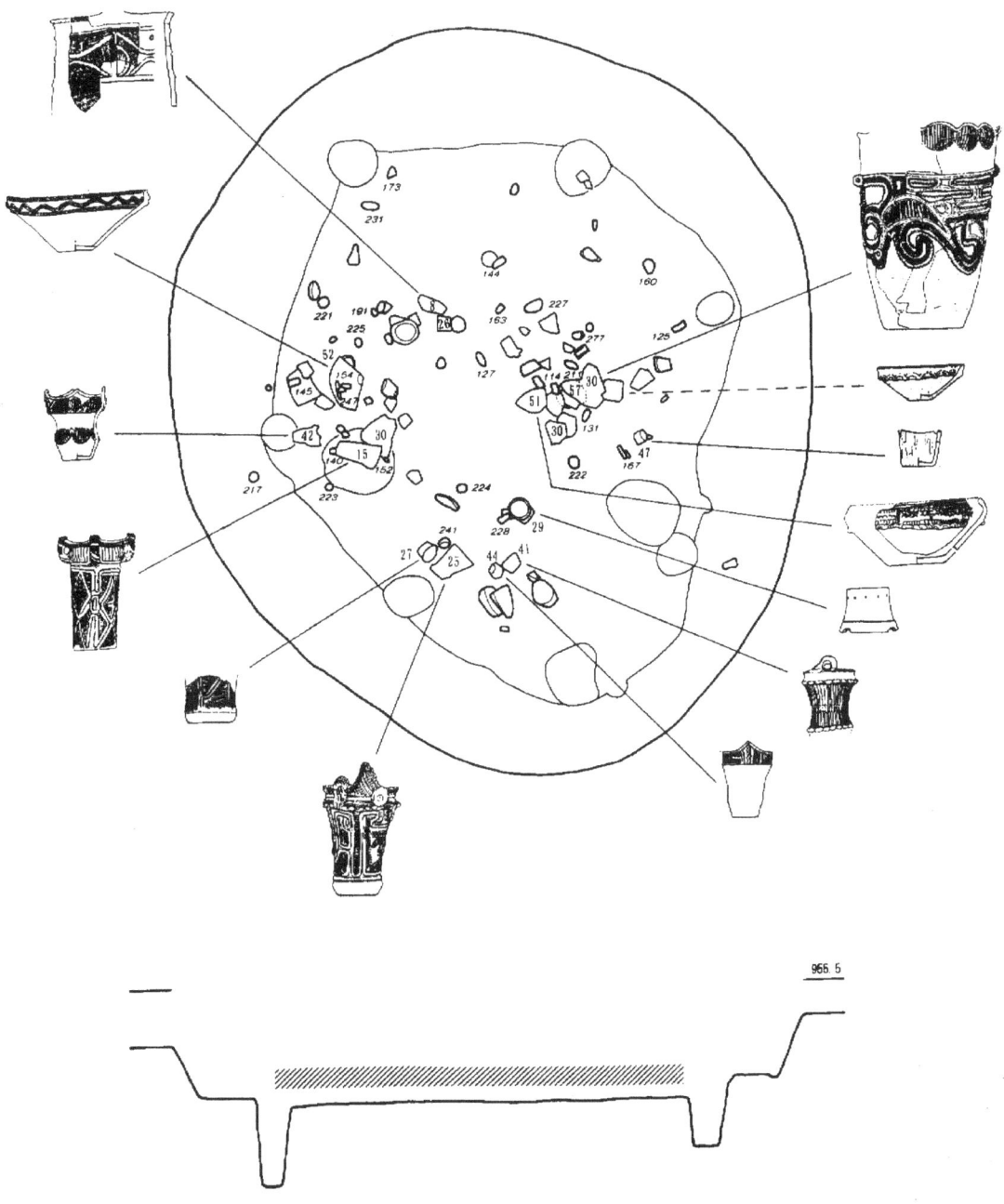

第5図　32号住居址中部の遺物（1：60）

15

藤内遺跡 32 号住居址とその出土土器

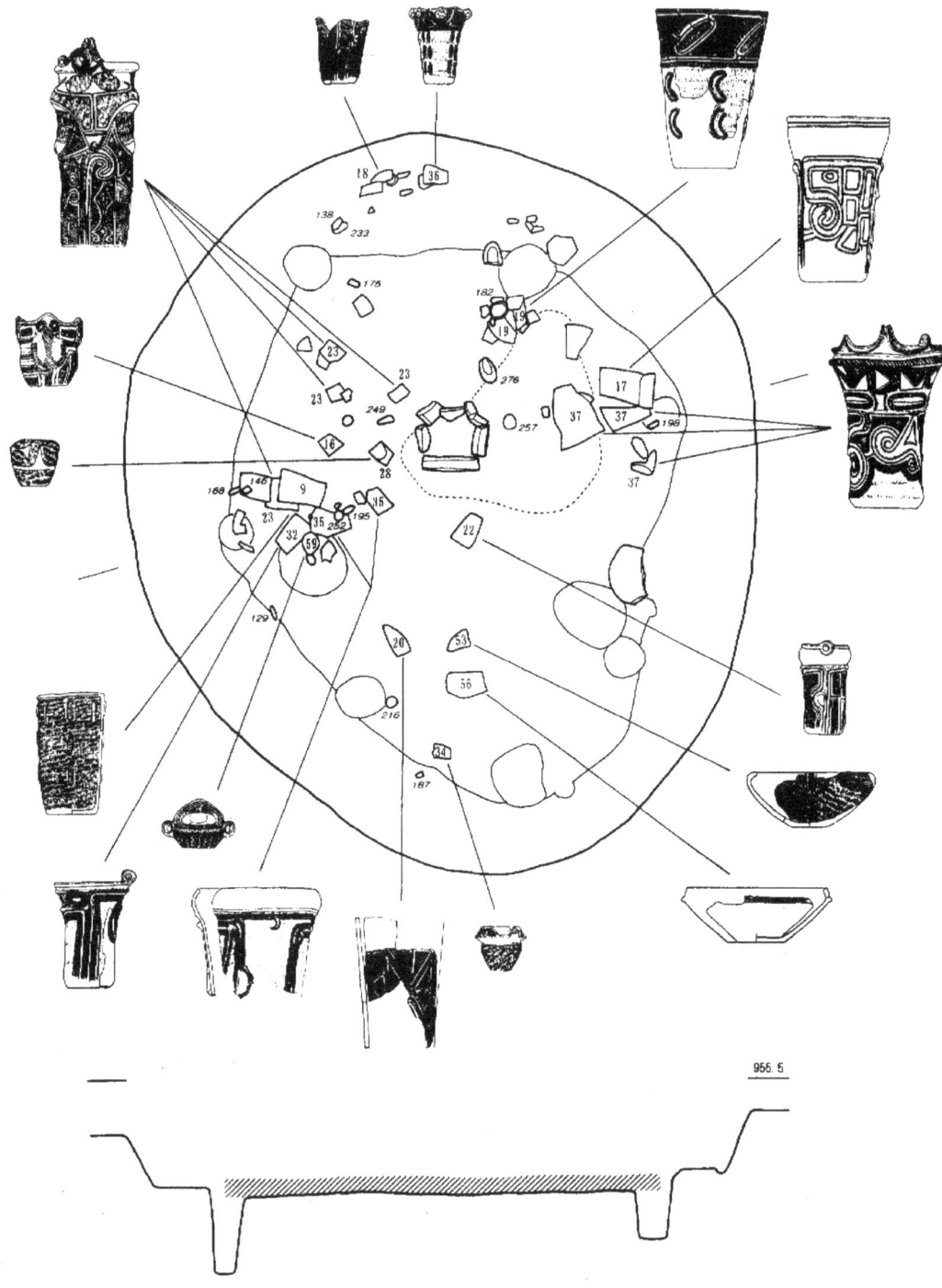

第 6 図　32 号住居址下部の遺物　（1：60）

図　録

神像筒形土器（しんぞうつつがたどき）
藤内遺跡（とうないいせき）
藤内Ⅰ式
藤内 32 号住居址下部 出土
昭和 59 年 (1984 年) 発掘
縄文中期中葉
約 4700 年前
55.7cm(高さ), 21.5cm(口径)
藤内報告書　P.132
ID-038

　神像筒形土器。土器造形の頂点に立つ絶品である。惜しいかな底部を欠失する。中空の頭部には、眼だけが表されている。左眼は円く、正面を向いている。右眼は口唇に沿って雫のように縦に長く、目尻が頭頂でくるりと巻く。左目の左方の口縁上には小さな環形がつくられている。後頭部には螺旋状の環形が設けられ、左眼に貫通している。うなじには、楕円を斜めにしたような小丘状の膨らみが、左右対称につく。肩はふっくらと丸い。その両肩の部分は、土器の内側が半球状の洞につくられ、膨れている。腕は左右とも内側にくるりと巻き、肘までは中空で、左腕だけ小さな瘤をつけ、そこから先は平たくなり、器壁にすりつく。

　逆三角の大きな背はほぼ平らであるが、微妙な曲面をなす。背中は二分され、尻は右の体側の縁がくるりと巻いて少し反っている。下半身の脚に相当するところには、幅広な隆帯が立ち上がり、蕨手に巻いている。
　神像の正面側には、器面を斜めに縦断する帯状の文様がある。その上端は分厚い箍のような口縁から抜け出てきたようにつくられた斜め向きの環形。下端も大柄な環状文となっている。両肩の脇には一風変わった縦長な文様が二つ一組で対称的に配されている。全体として口縁の文様帯は横に展開し、胴部は縦帯区画文で構成されている。

　器膚は、底近くが荒れてざらつく以外、消耗は少なく鈍い光沢を有している。器体下半の四分の一ほどが煮炊きにより赤変し、口縁に近い箇所にいくらか煤が付いている。内壁はきれいに仕上げられていて、お焦げなどは確認できない。

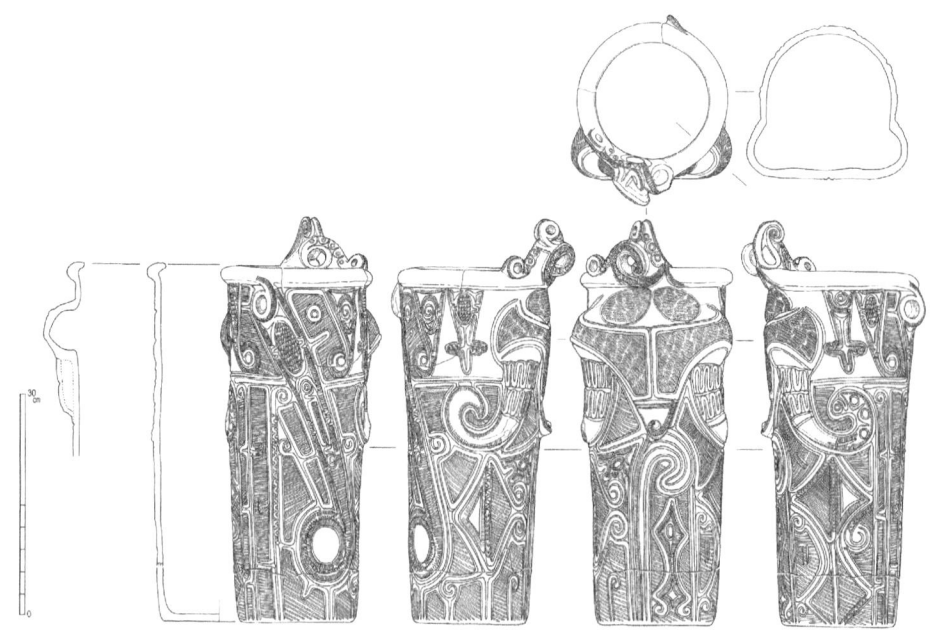

神像筒形土器（しんぞうつつがたどき）

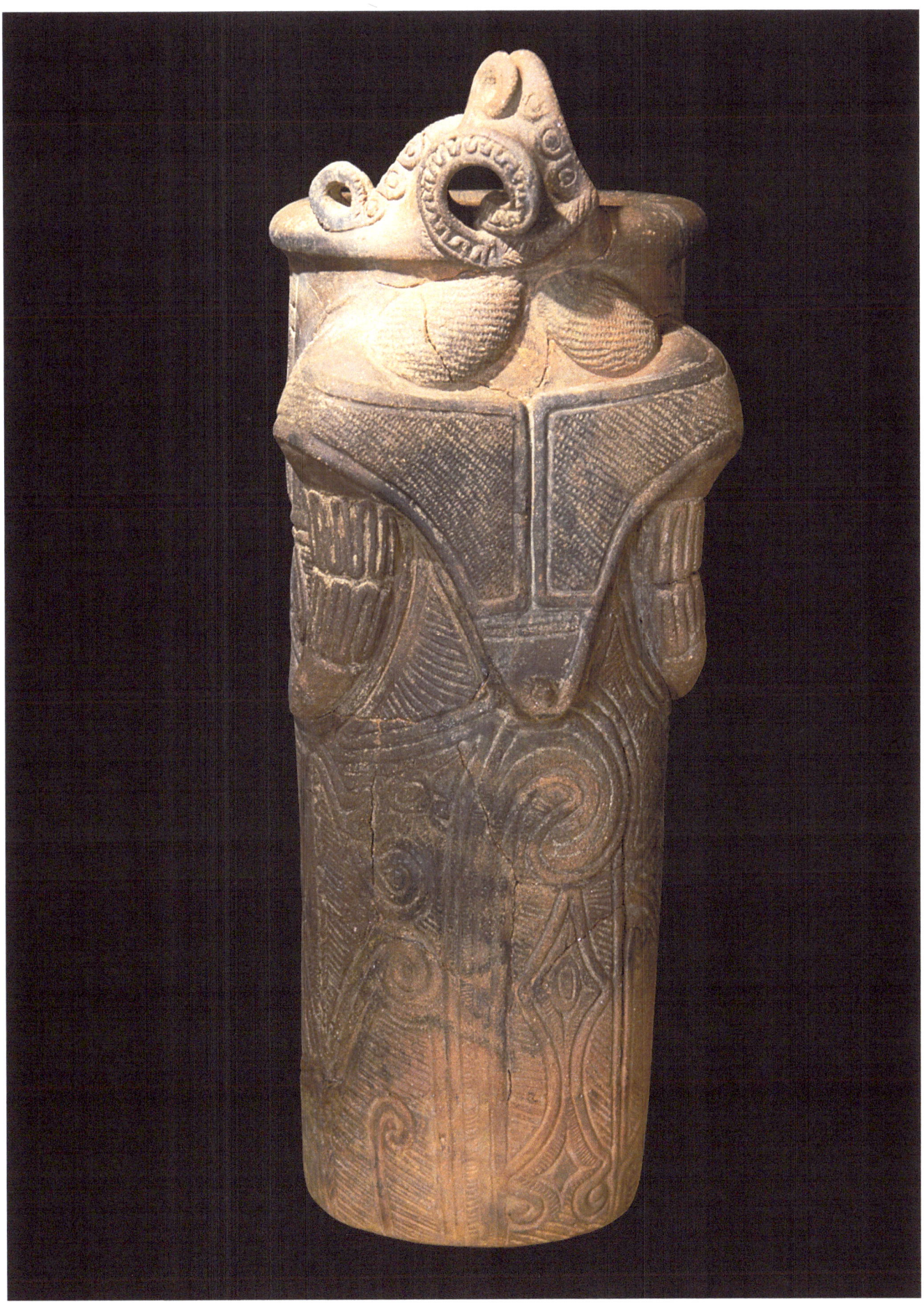

神像筒形土器（しんぞうつつがたどき）

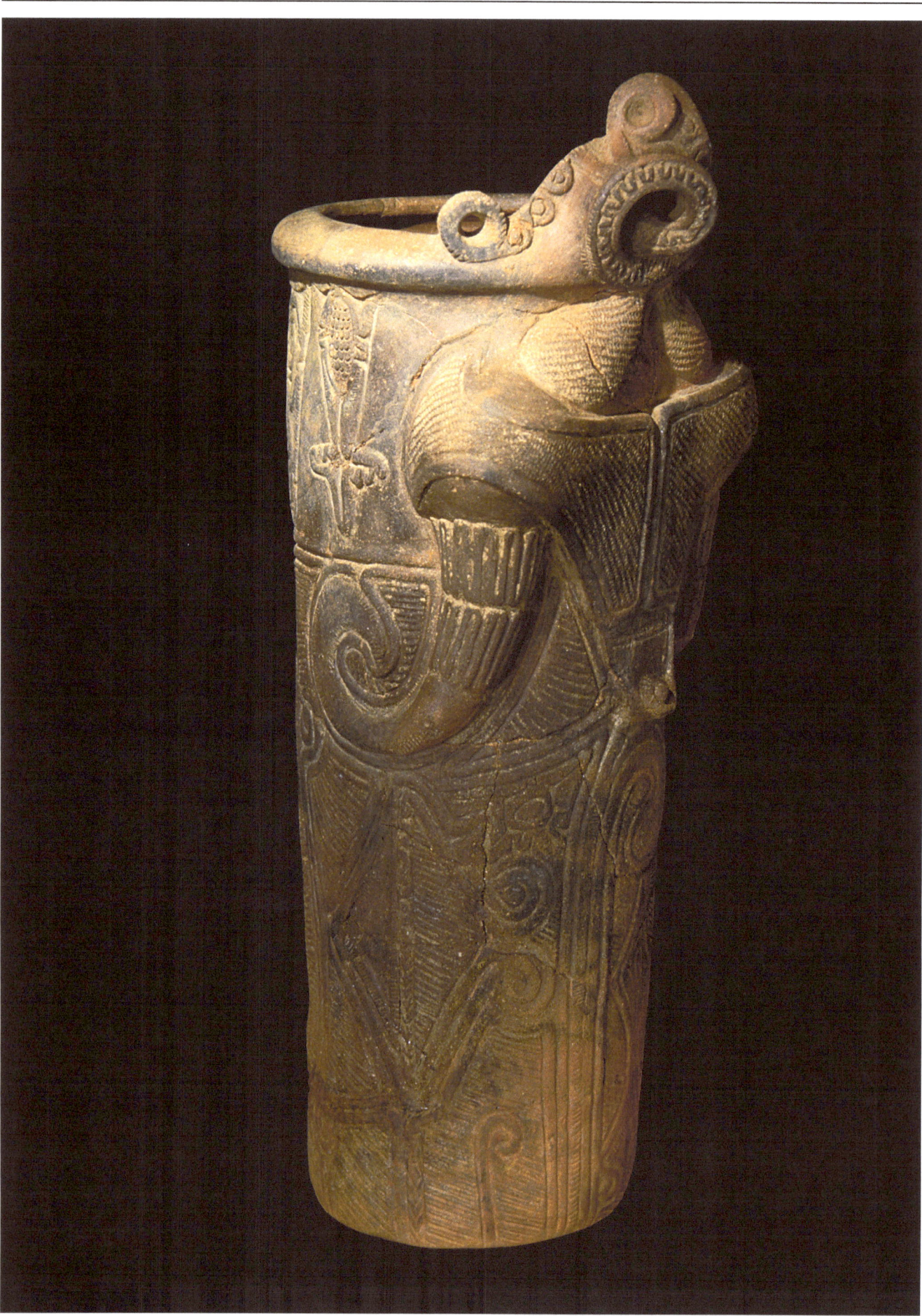

神像筒形土器（しんぞうつつがたどき）

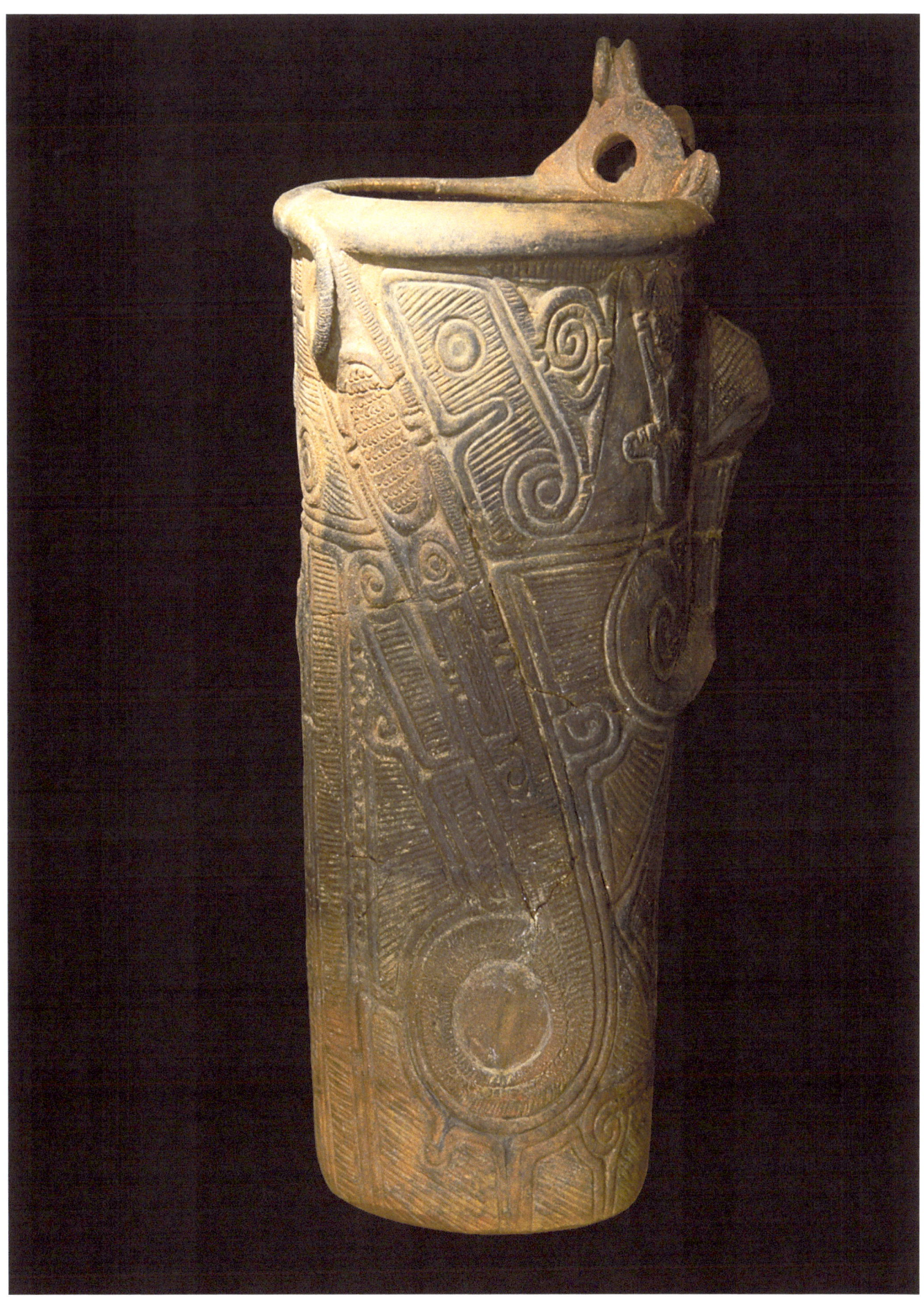

神像筒形土器（しんぞうつつがたどき）

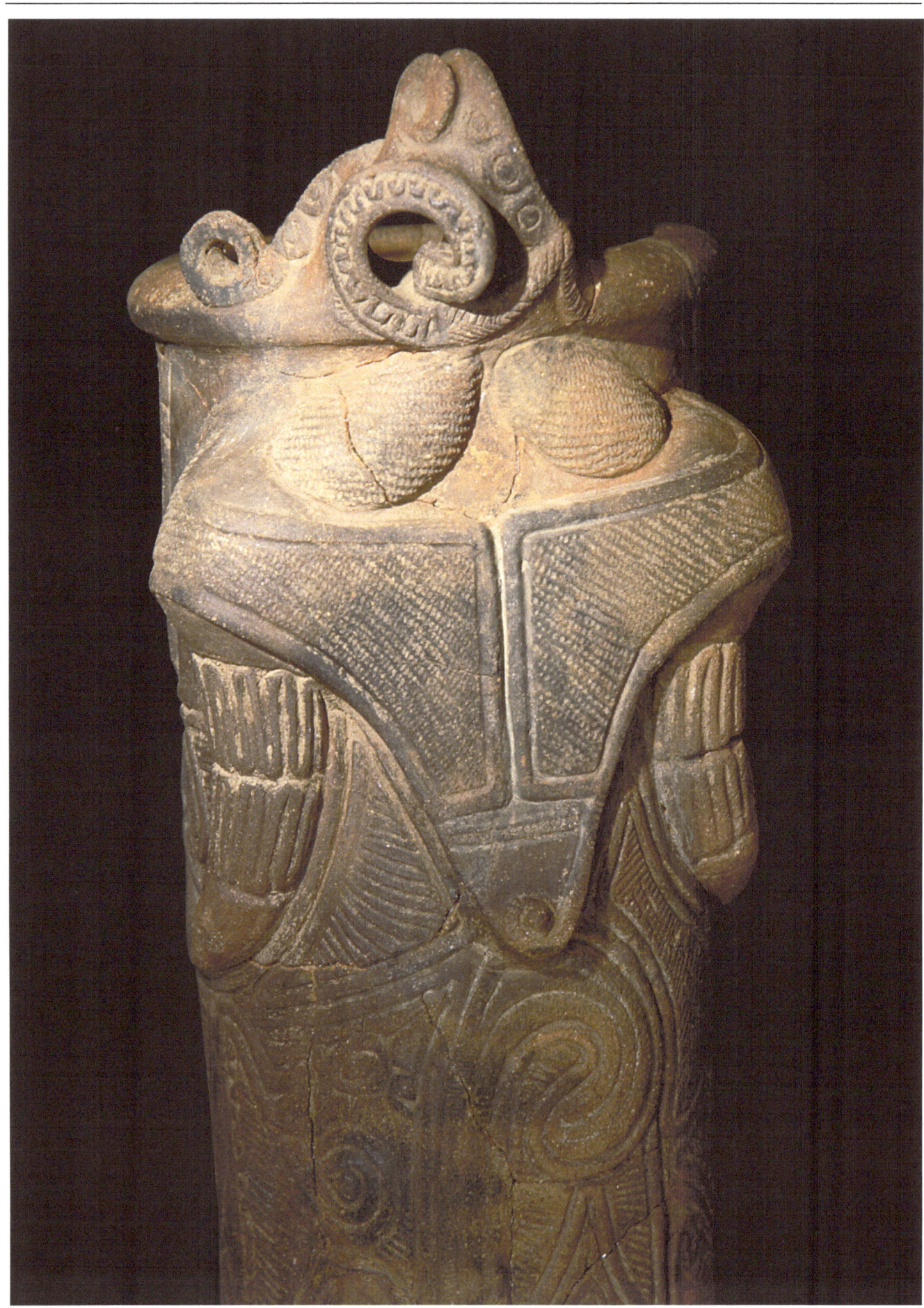

神像筒形土器（しんぞうつつがたどき）

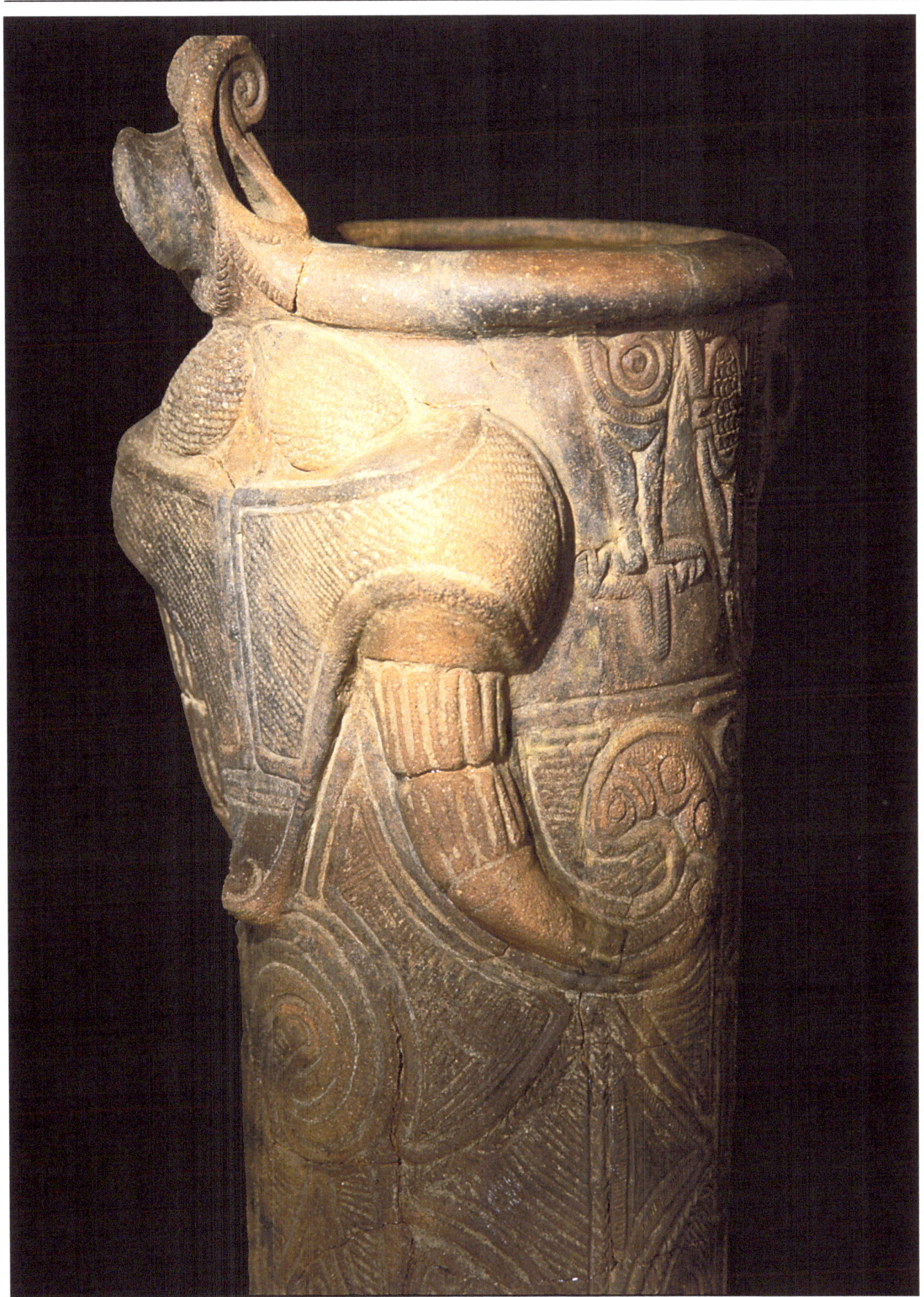

神像筒形土器（しんぞうつつがたどき）

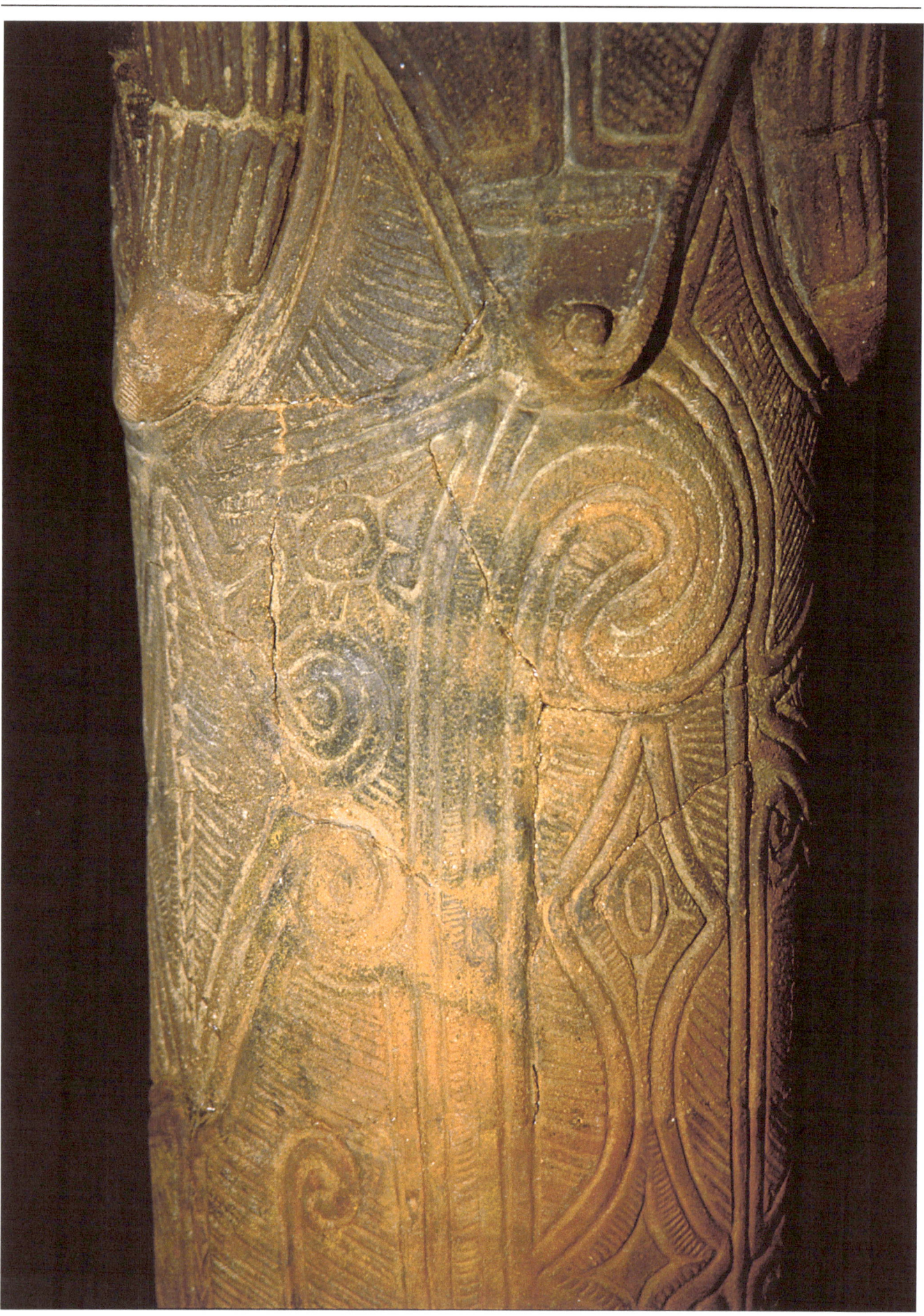

神像筒形土器（しんぞうつつがたどき）

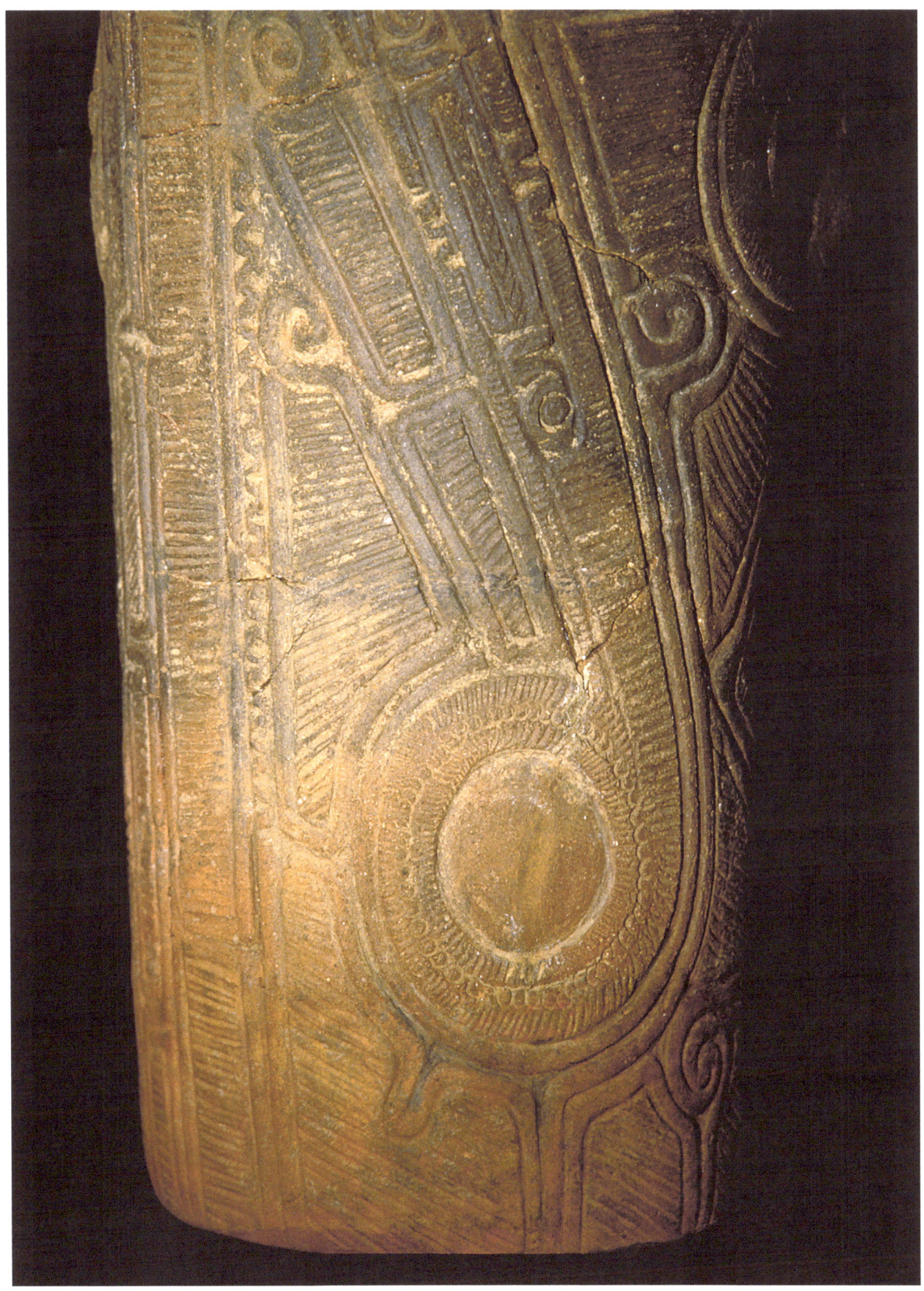

蛙文鉢（かえるもんばち）
藤内遺跡（とうないいせき）
藤内Ⅰ式
藤内32号住居址下部 出土
昭和59年(1984年)発掘
縄文中期中葉
約4700年前
18.9cm(高さ), 16.0cm(口径)
藤内報告書　P.132
ID-045

　蛙文の鉢。蛙の吻端はなるい山形の口縁をなす。左右の眼は刻みのある環形で表わされ、中は深く凹んでいる。太った胴体は一対の半環形。脊柱にあたる部分が把手状につくられ、斜めの線が螺旋状に引かれている。そのさまは34ページの区画文筒形土器とよく似る。

　左右にも同様な片目がつくられ、対面側の片目は斜めにつく。頸部より上は横帯区画、下は縦帯と横帯の区画文となっている。

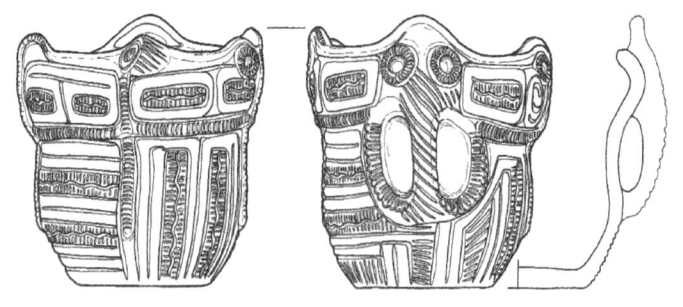

蛙文鉢（かえるもんばち）

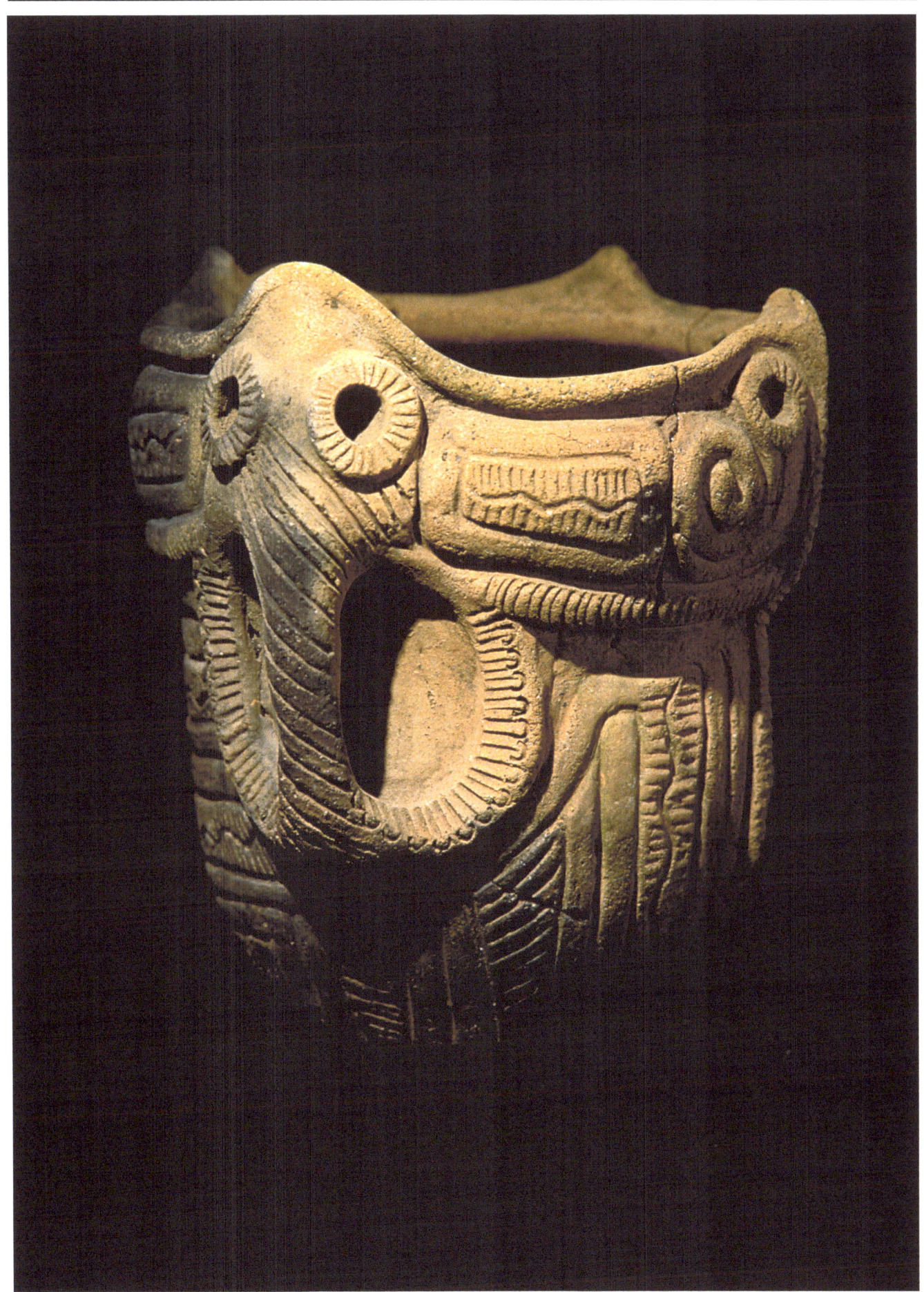

蛙文鉢（かえるもんばち）

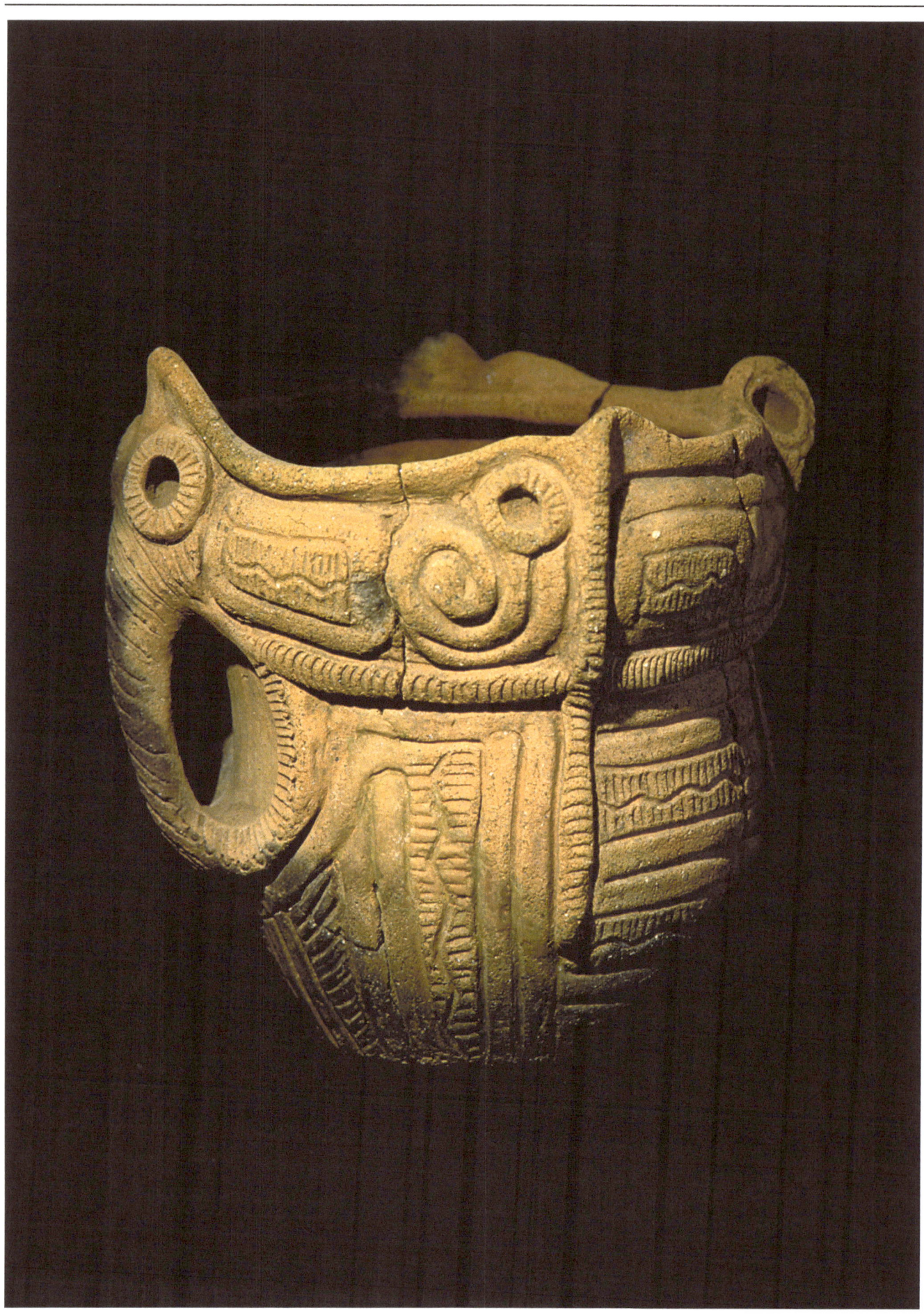

蛙文鉢（かえるもんばち）

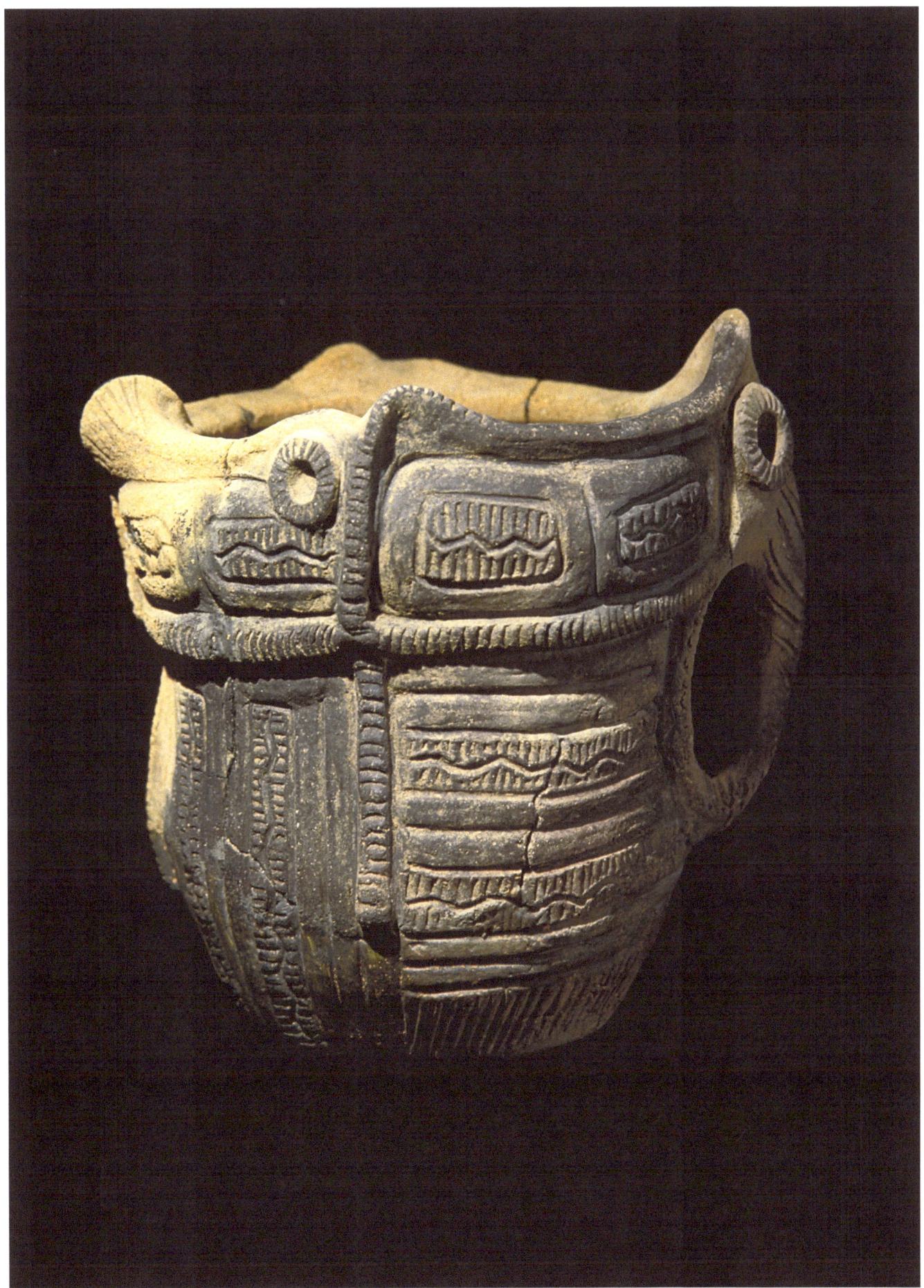

四方に目を持つ大鉢（しほうにめをもつおおばち）
藤内遺跡（とうないいせき）
藤内Ⅰ式
藤内32号住居址上面 出土
昭和59年(1984年) 発掘
縄文中期中葉
約4700年前
24.0cm(高さ), 48.7cm(口径)
藤内報告書　P.137
ID-065

　内径48.7cm、器高24cmという大形の浅鉢である。口縁の四方には、目元が太く目尻の細い双眼がつくられている。双眼の間は蛇行する凸帯と眉月形の文様が交互に配される。それらを縁取る押引き文は幅があって細かく、丁寧に施文されている。

　内面は平滑で丁寧に仕上げられ、全体に黒味がかっている。所々に黒漆とみられる塗膜が残っている。口唇の際にも認められるので、もともとは全面に塗布されていたものと思われる。

　肩部の下、ひびの両側に補修孔が穿たれている。地と接する底面の外周は1.5cmの幅で荒れている。本器は藤内Ⅰ期の浅鉢の最たるものであろう。

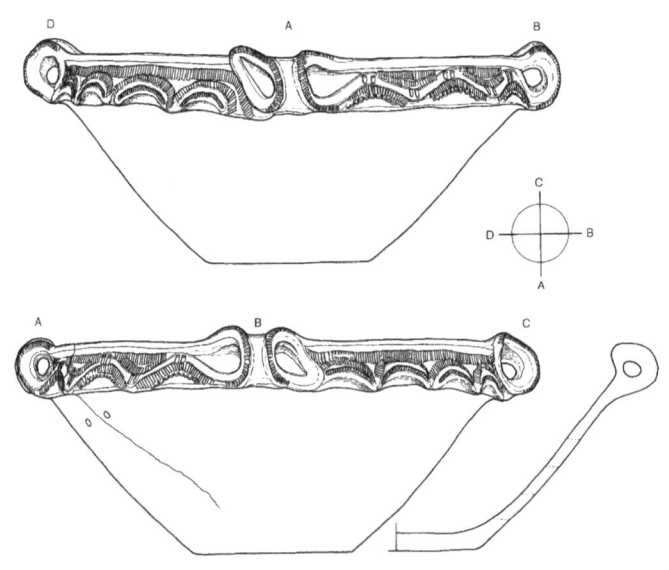

四方に目を持つ大鉢（しほうにめをもつおおばち）

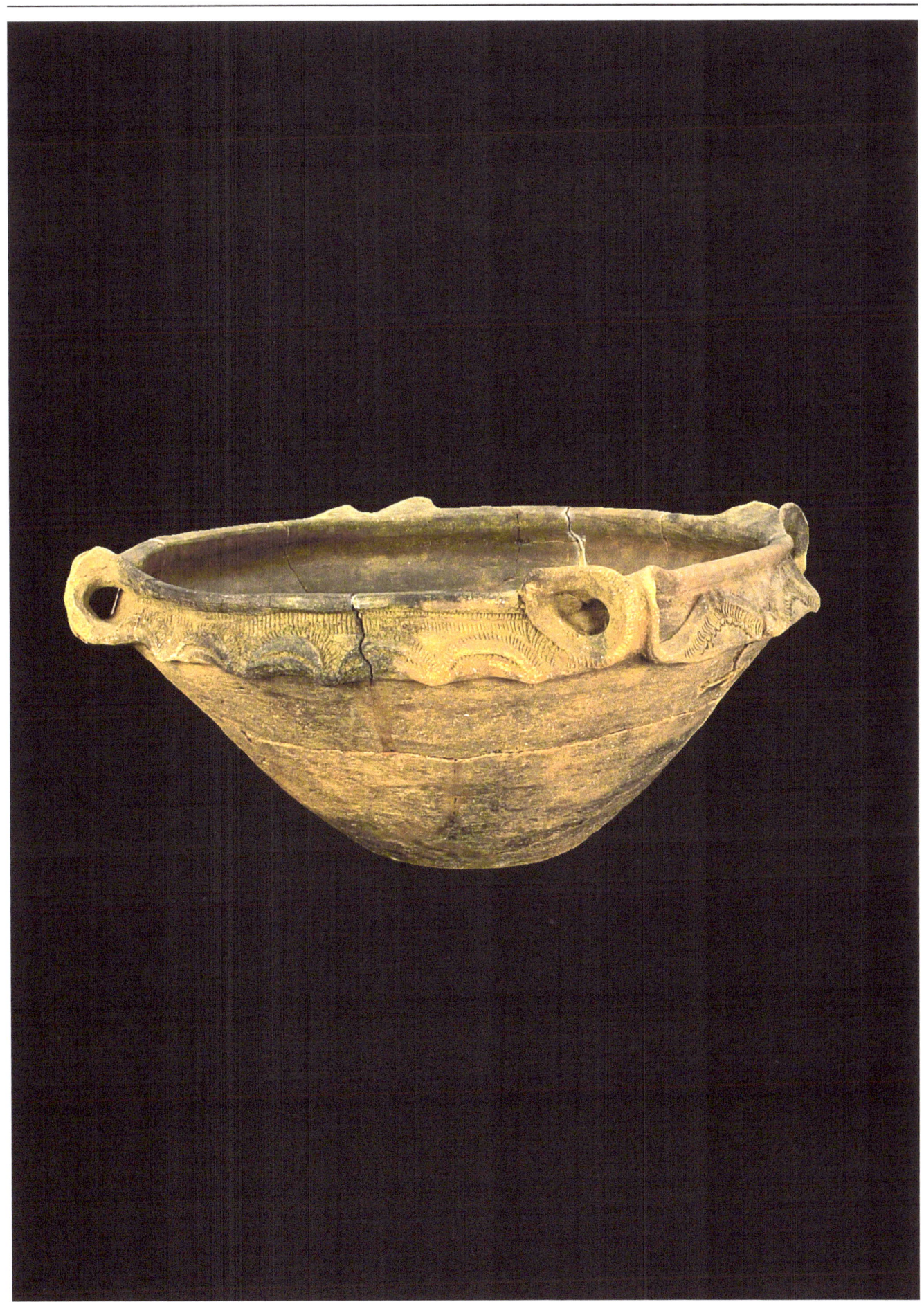

四方に目を持つ大鉢（しほうにめをもつおおばち）

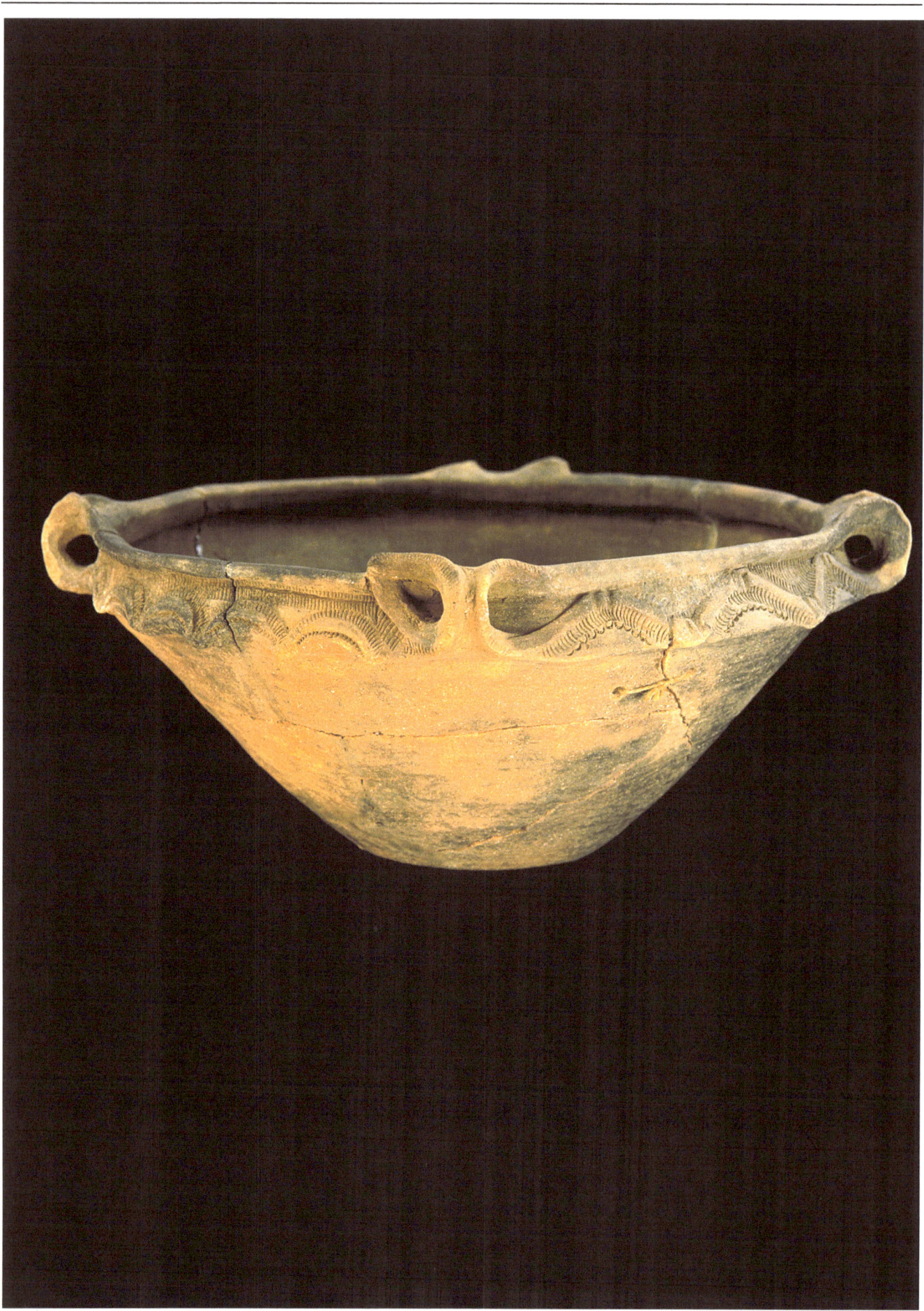

四方に目を持つ大鉢（しほうにめをもつおおばち）

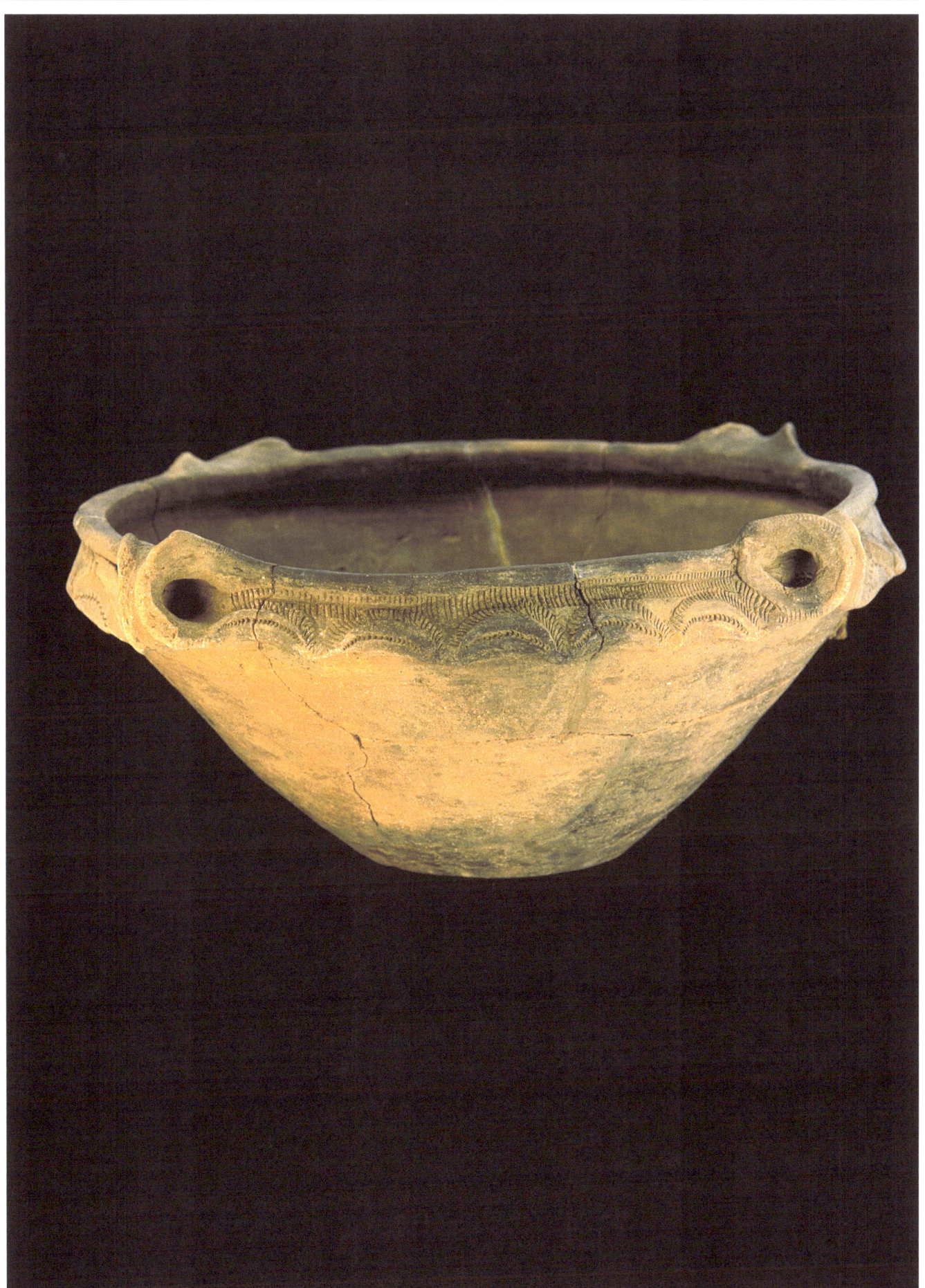

区画文筒形土器（くかくもんつつがたどき）
藤内遺跡（とうないいせき）
藤内Ⅰ式
藤内32号住居址中部 出土
昭和59年(1984年)発掘
縄文中期中葉
約4700年前
30.0cm(高さ), 15.6cm(口径)
藤内報告書　P.131
ID-076

　筒形の胴部に内湾する口縁がつく。頸部の四方から立ち上がる円柱状の突起が口縁の上に頭を出し、その頂は凹む。胴部の四方には凸線が垂下し、菱形を主とした縦帯区画文が構成される。
　外壁の下側三分の二は橙色に変色し、上側三分の一には煤が帯状についている。また底面の外縁が1cm幅でざらつく。いっぽう内壁は、下側三分の二まで焦げつきがあり、底に近い四分の一はかさぶた状のお焦げが帯状に付着している。

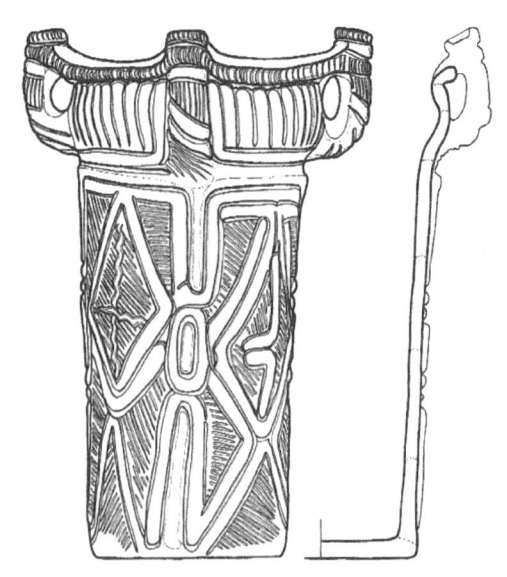

区画文筒形土器（くかくもんつつがたどき）

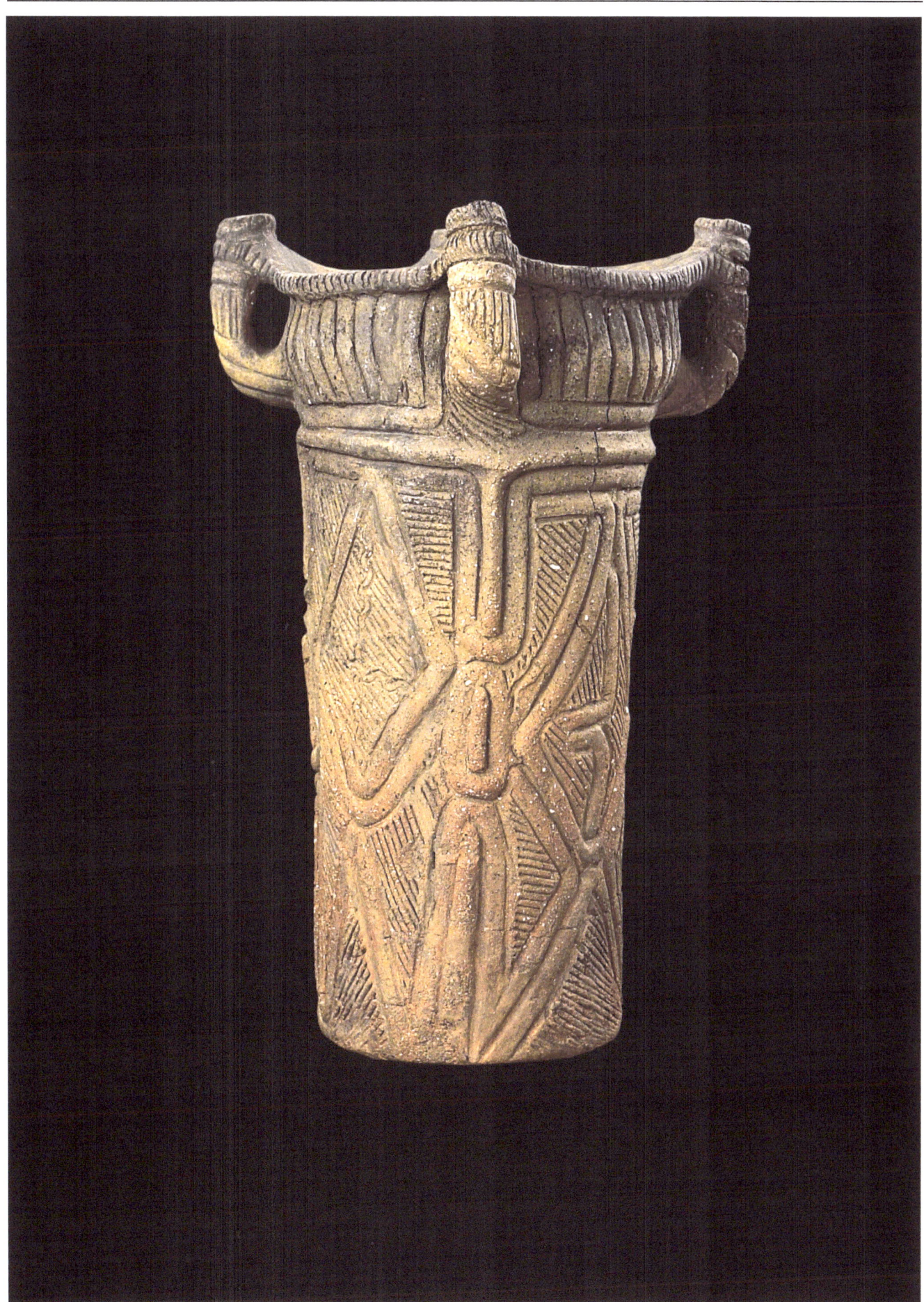

区画文筒形土器（くかくもんつつがたどき）

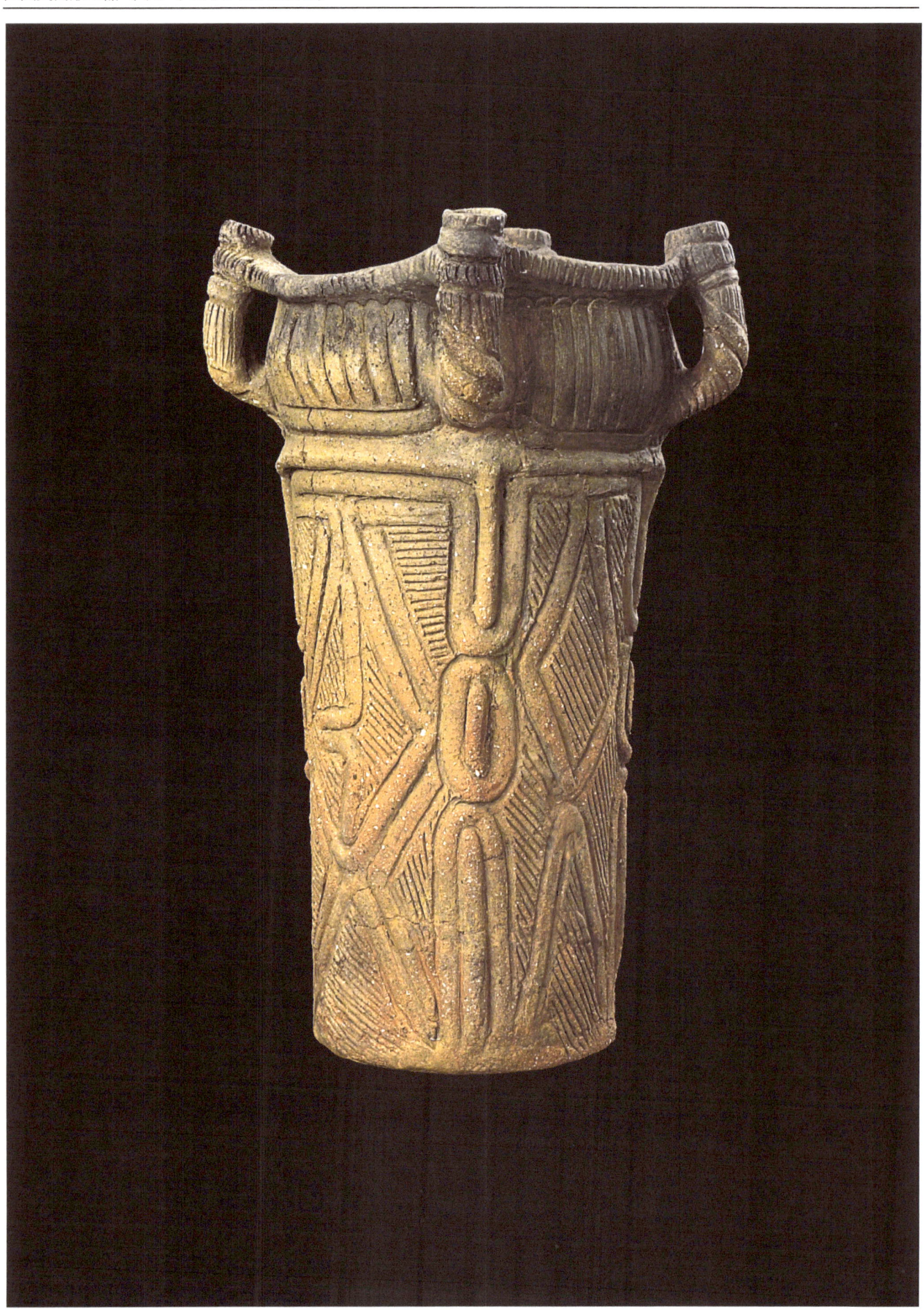

区画文筒形土器（くかくもんつつがたどき）

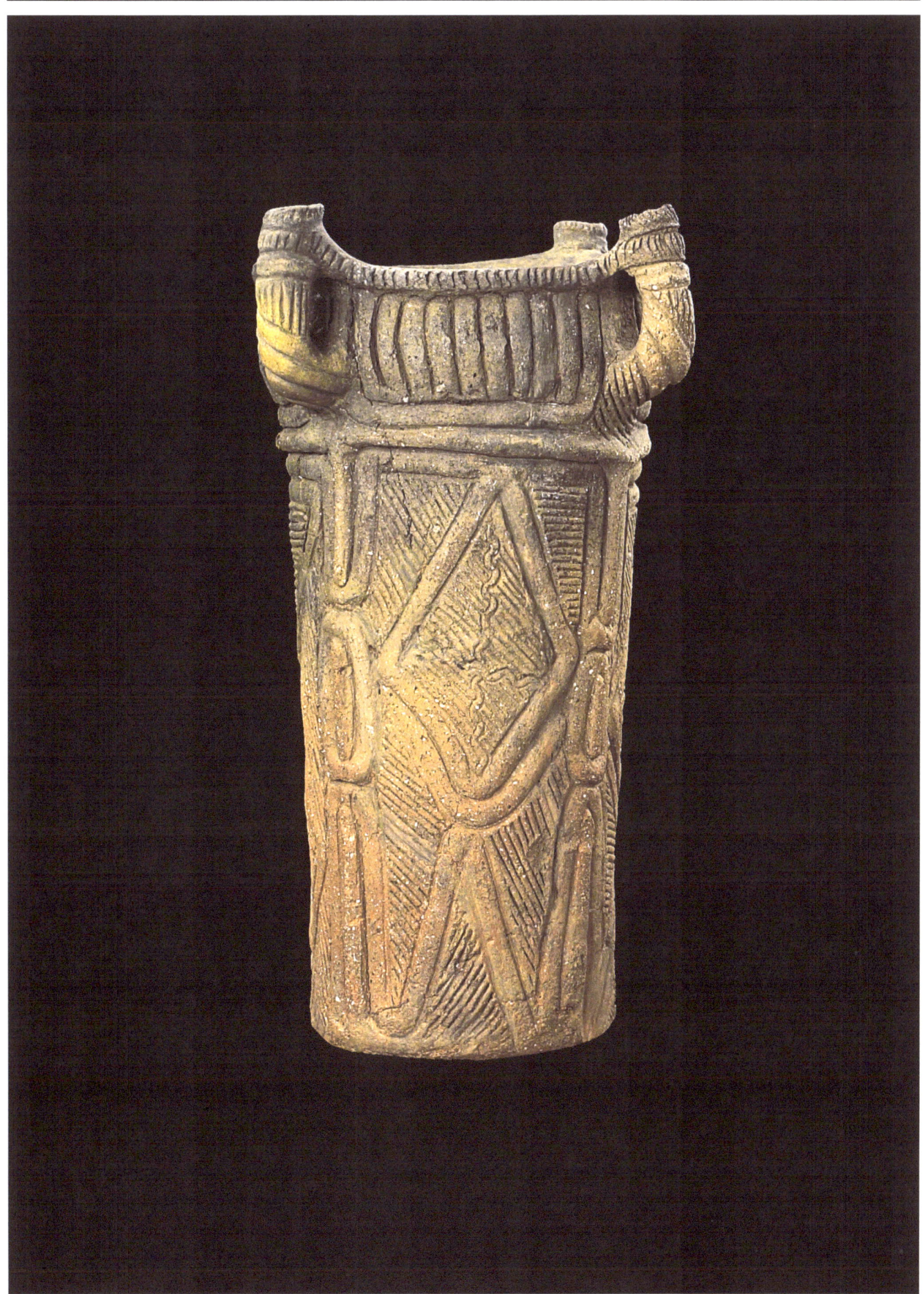

十字文筒形土器（じゅうじもんつつがたどき）
藤内遺跡（とうないいせき）
藤内Ⅰ古式
藤内 32 号住居址下部 出土
昭和 59 年 (1984 年) 発掘
縄文中期中葉
約 4700 年前
32.3cm(高さ), 18.2cm(口径)
藤内報告書　P.131
ID-077

　底近くまでぎっしりと細かな縄文が施され、刻みのついた蛹状の凸帯文は縦に整然と三つが並び、四方につく。その間には、十字の磨り消し文が四つ配される。

　外壁上半は煤がうっすらとつき、下半は赤変して器体の三分の一は最も赤く、膚も荒れている。内面はそれに呼応して黒変し、底部との変換点あたりにお焦げが線状につく。

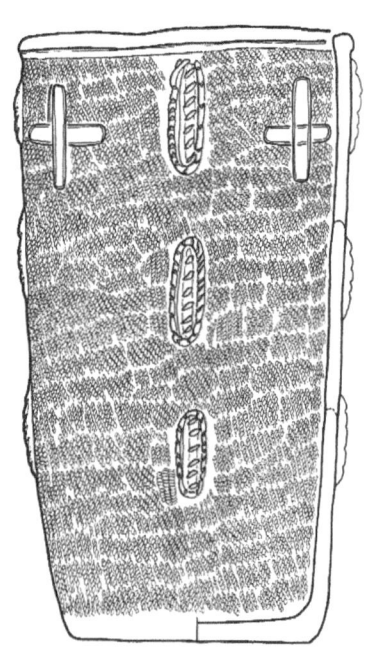

十字文筒形土器（じゅうじもんつつがたどき）

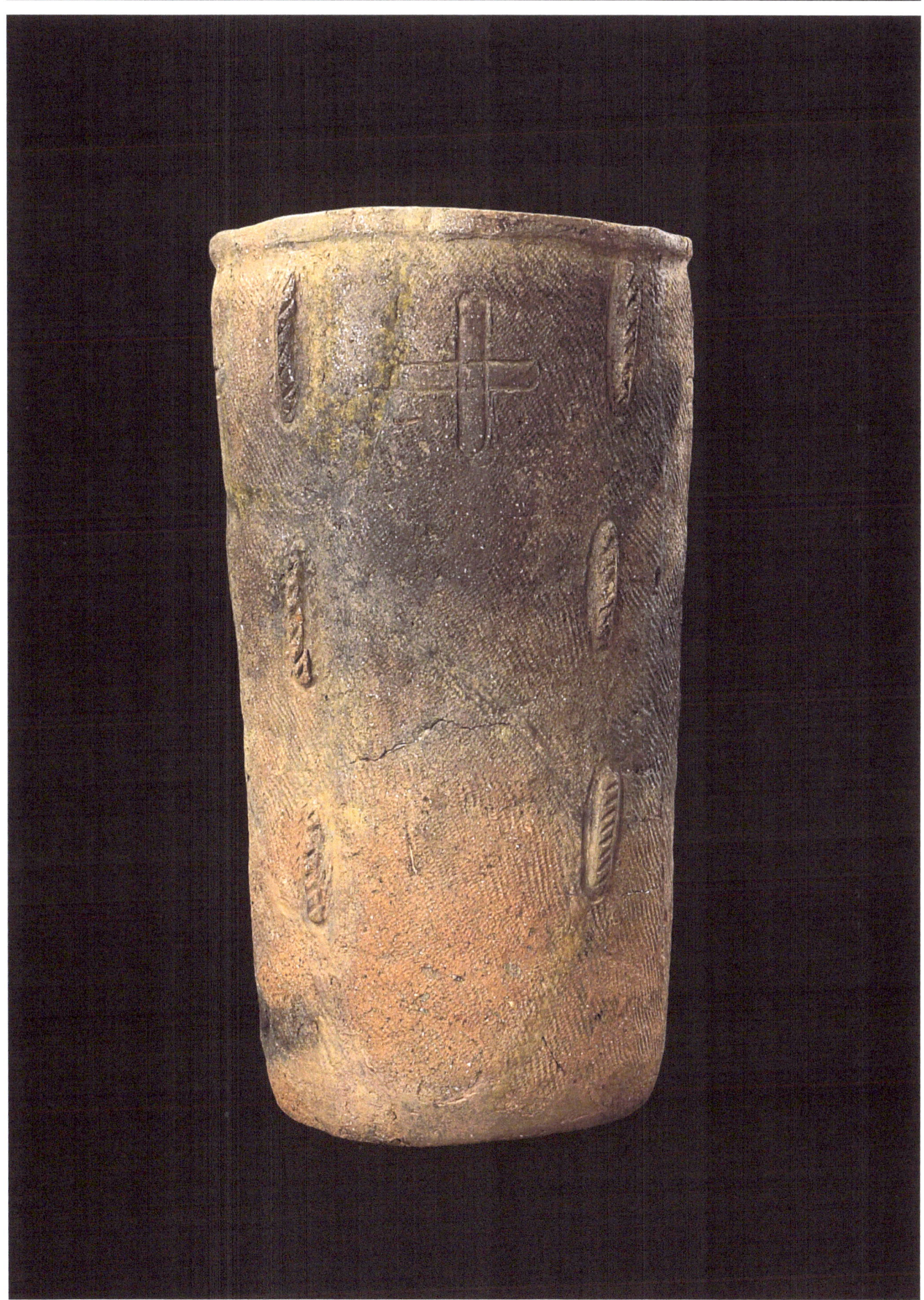

十字文筒形土器（じゅうじもんつつがたどき）

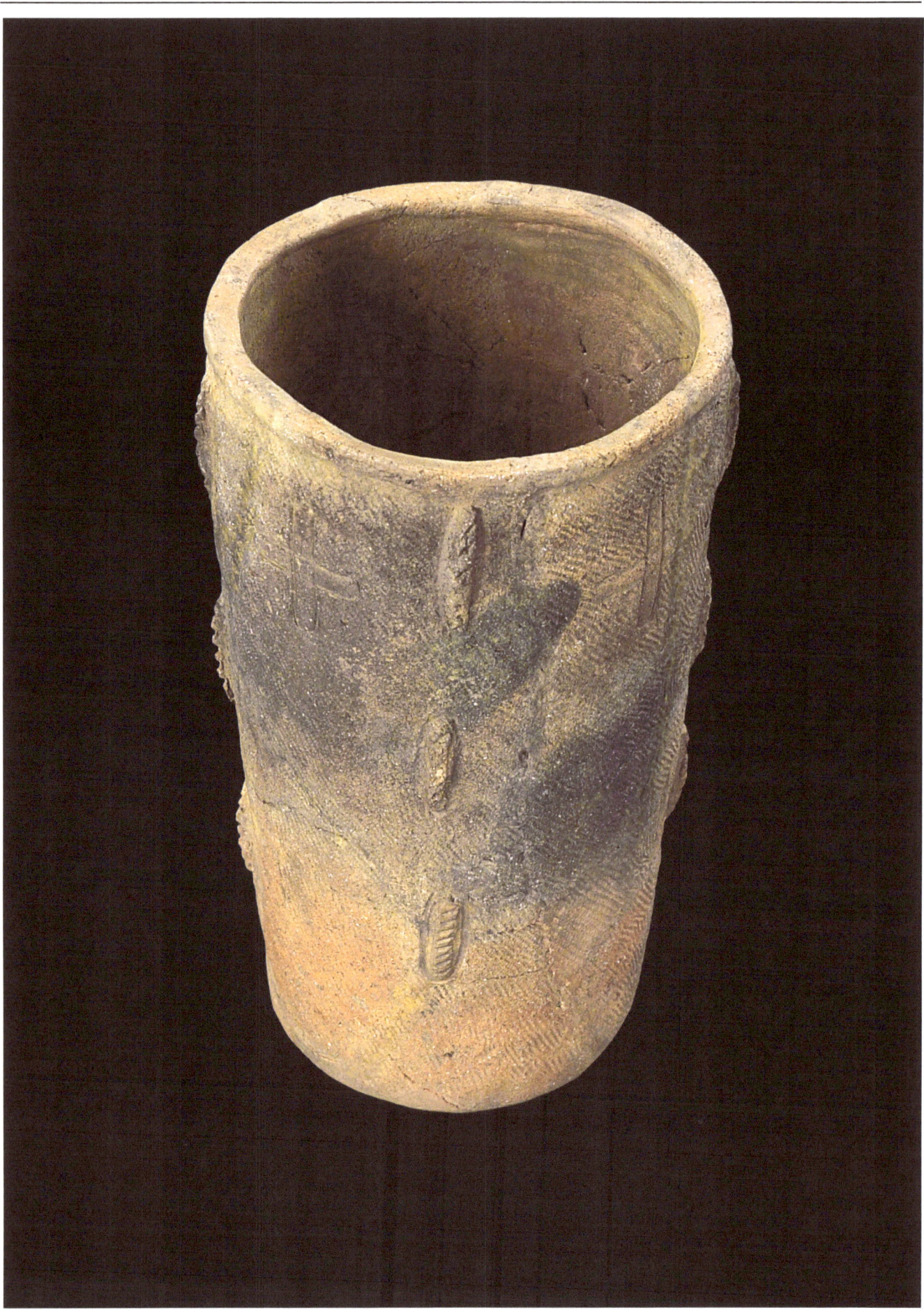

十字文筒形土器（じゅうじもんつつがたどき）

十字文筒形土器（じゅうじもんつつがたどき）

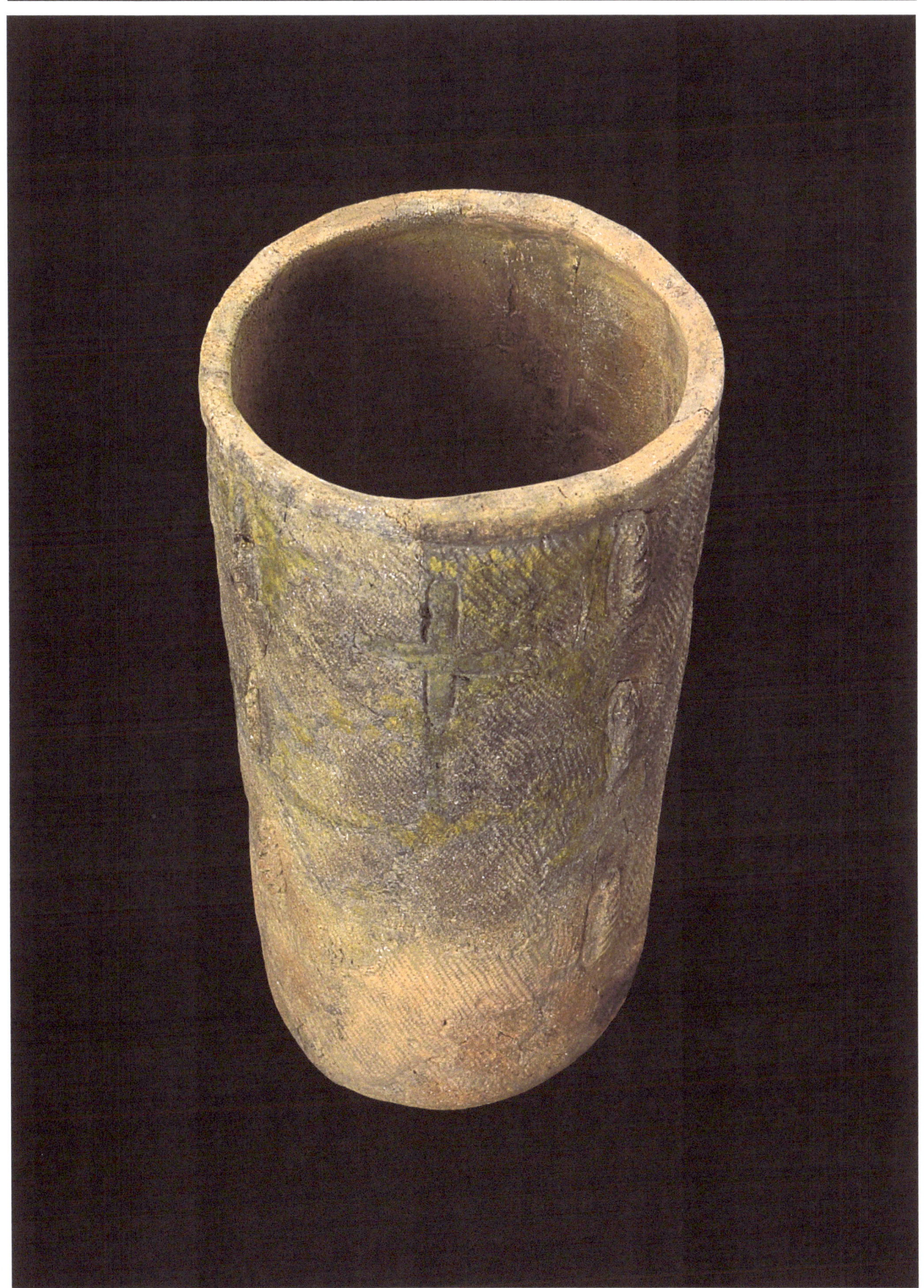

片目を戴く神像文系深鉢
(かためをいただくしんぞうもんけいふかばち)
藤内遺跡（とうないいせき）
藤内Ⅱ式
藤内32号住居址中部 出土
昭和59年(1984年)発掘
縄文中期中葉
約4700年前
34.4cm(高さ), 19.8cm(口径)
藤内報告書 P.133
ID-078

　傘形凸帯のつく深鉢で、尖峰状の突起が設けられ、片側に小さな環形が付随する。突起の片面には凹んだ環形の片目が表わされている。その付け根の口縁部にも同様な環形が付く。傘形凸帯からはJ字とI字形の隆帯が各一対、垂れ下がる。底部はゆるやかな「く」の字状に屈折する。きれいなつくりで、鈍い光沢を有す。

　外面の上半部にうっすらと煤がみられ、内面は底から三分の一に、糊のようなお焦げが帯状に付着している。

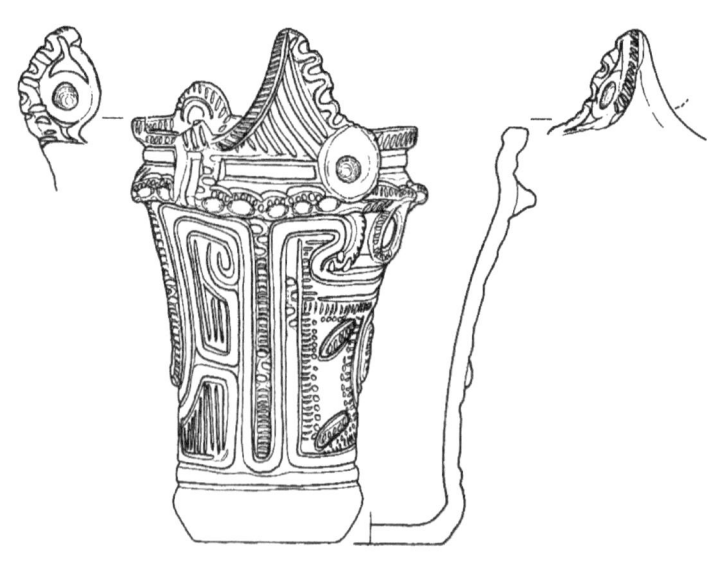

片目を戴く神像文系深鉢（かためをいただくしんぞうもんけいふかばち）

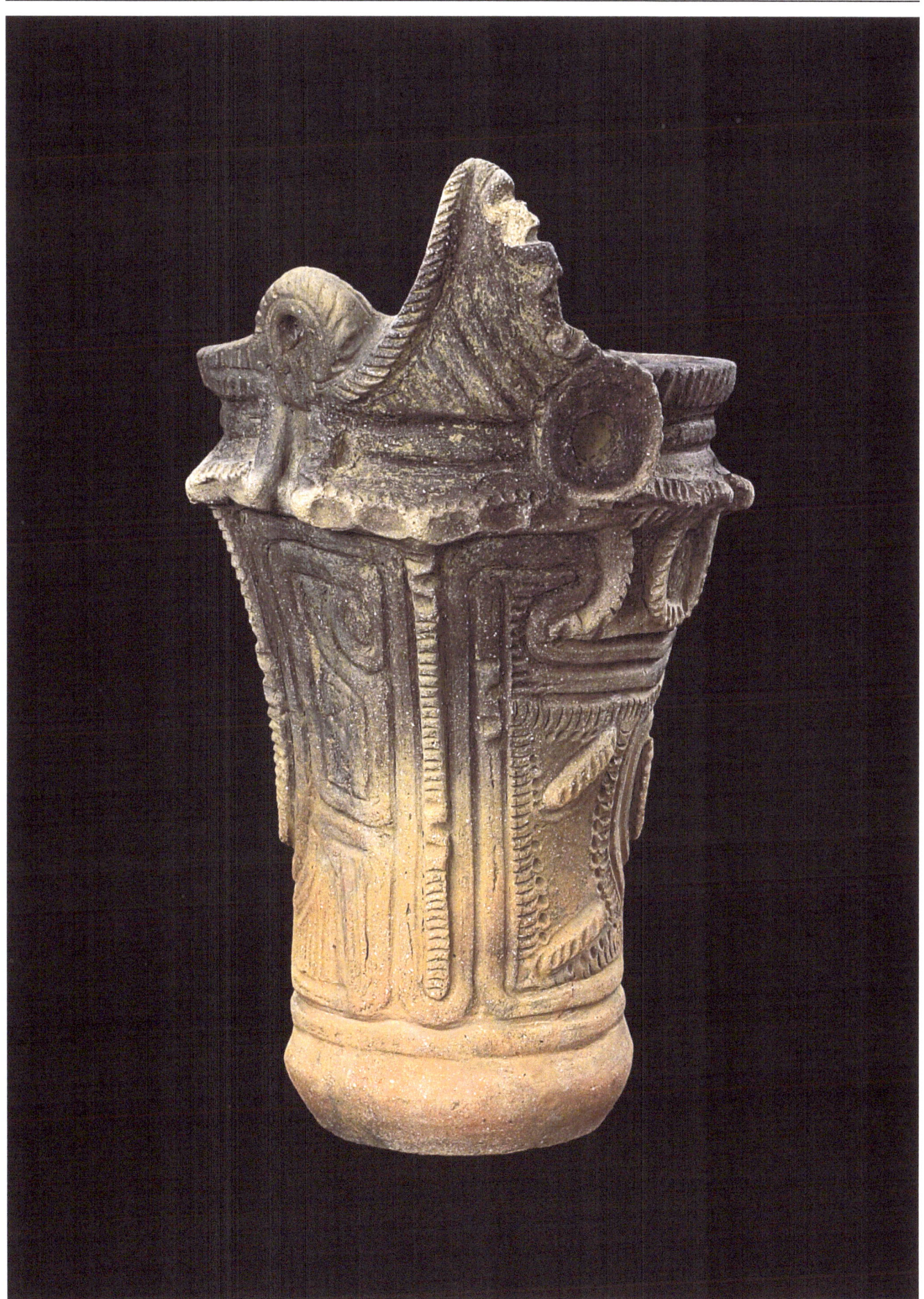

片目を戴く神像文系深鉢（かためをいただくしんぞうもんけいふかばち）

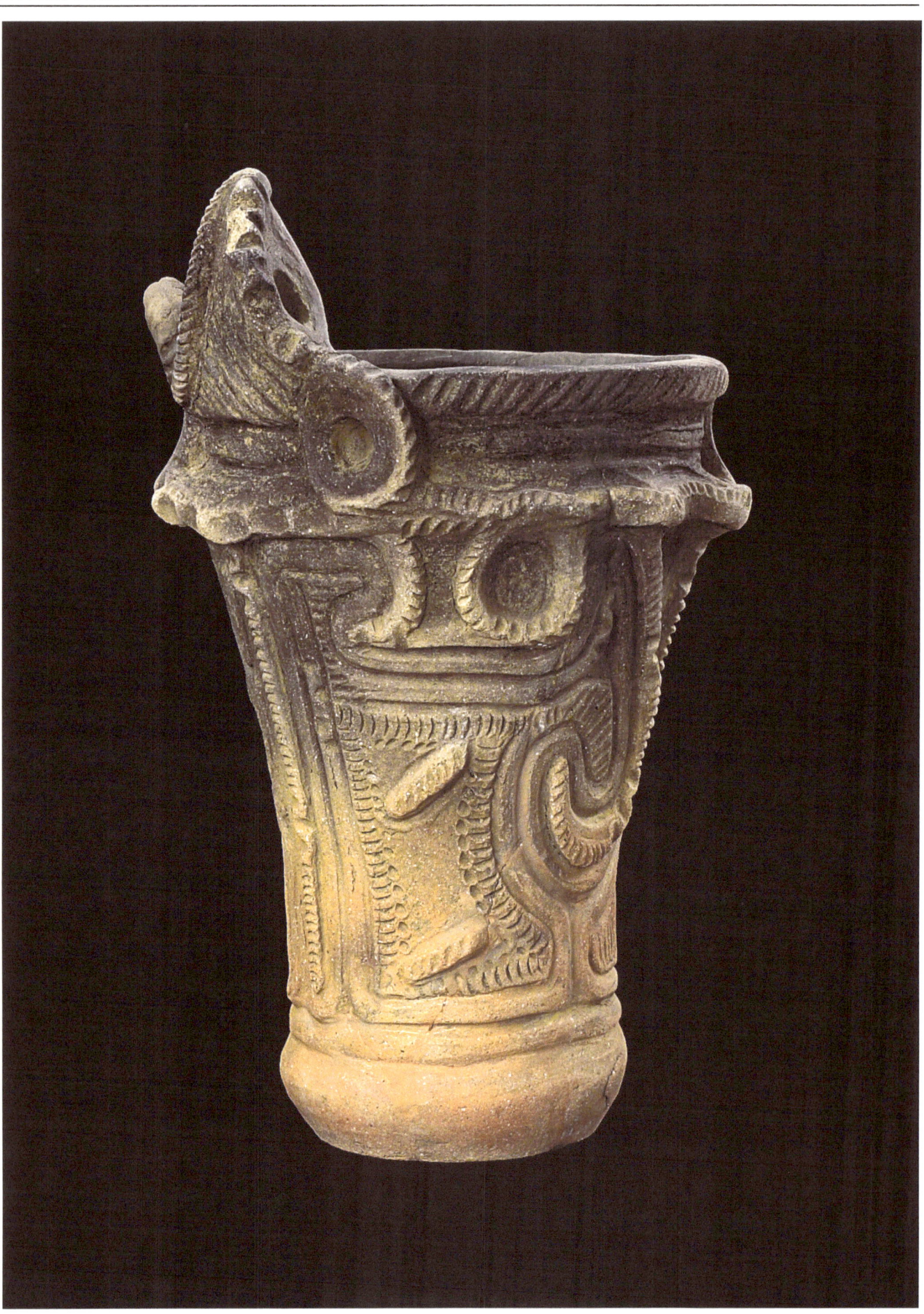

片目を戴く神像文系深鉢（かためをいただくしんぞうもんけいふかばち）

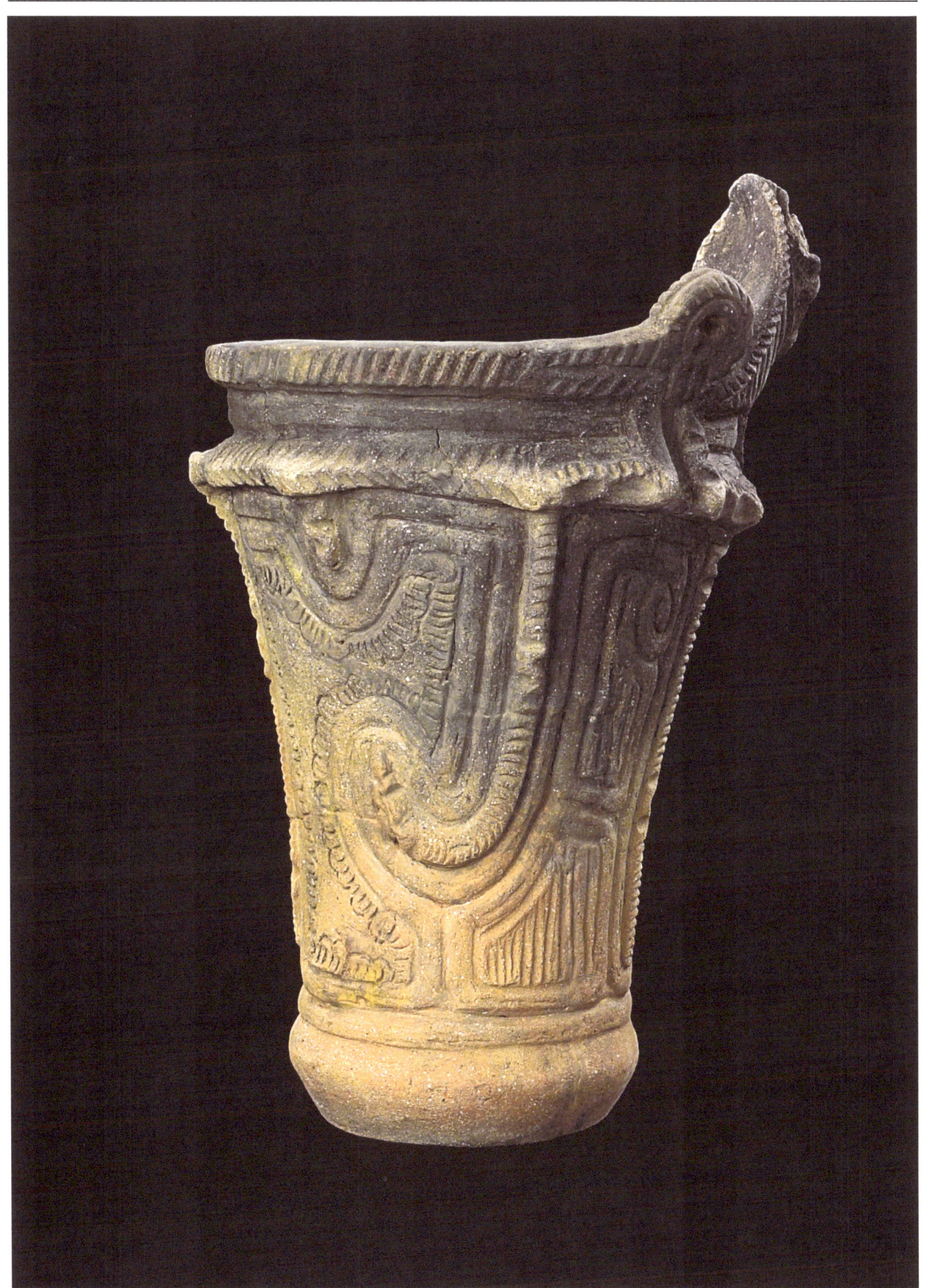

楕円区画文深鉢（だえんくかくもんふかばち）
藤内遺跡（とうないいせき）
藤内Ⅱ式
藤内32号住居址上部 出土
昭和59年(1984年)発掘
縄文中期中葉
約4700年前
33.2cm(高さ), 23.3cm(口径)
藤内報告書 P.135
ID-079

　口縁の四方が尖峰形をなす。しかしこのうちの一対は、何らかの事情で失われたらしく、割れ口を丁寧に擦って平らにしている。その口縁文様帯は三角形と三日月形が組み合わさり、尖峰形の頂点からは凸線が垂下する。その一対は下端が蕨手に巻く。底は胴の最下部で少し内に入り、僅かに開きながら肩までゆき、いくらか湾曲して直立する口縁となっている。胴部は三段からなる横帯区画の構成をなし、それぞれ五つずつの楕円区画文を配列している。

　この土器は煮炊き痕の典型的な姿をのこしている。外側の底部付近は全く消耗していない。下胴部の外壁は橙色に変色して全周がざらついている。その上方は口縁の頂まで全体に煤が濃く付着している。いっぽう内面では、底はすこぶるきれいで全く消耗していない。僅か上がった位置から器体の約三分の一の範囲にかさぶた状の焦げ付きがみられる。ちなみにこの位置は、外壁の煤の付着している下端と見事に一致する。その上方には汁のしみ込んだような黒味がかった吸着変色がある。さらに口縁の湾曲部に3cm幅のうっすらとしたお焦げがつく。なお、底面の外周、立ち上がり部分の角は1.5cmの幅で擦れている。

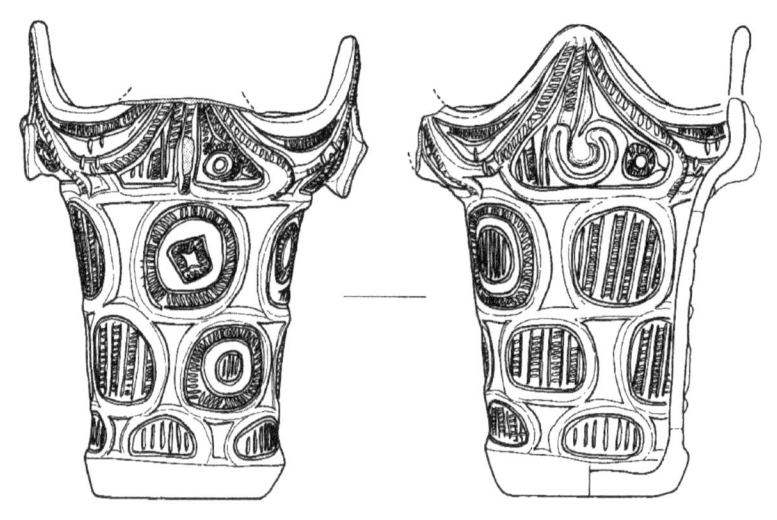

楕円区画文深鉢（だえんくかくもんふかばち）

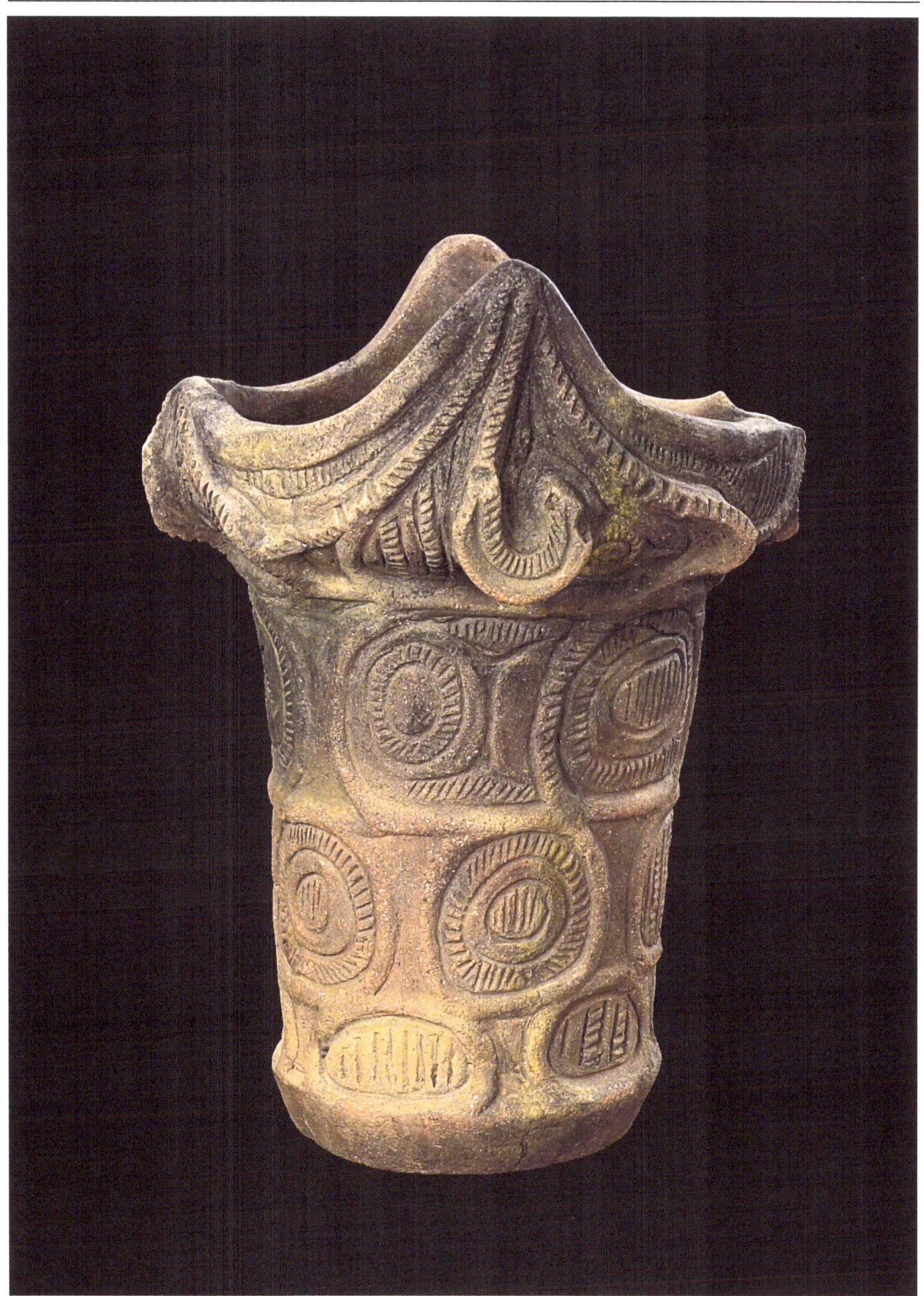

楕円区画文深鉢（だえんくかくもんふかばち）

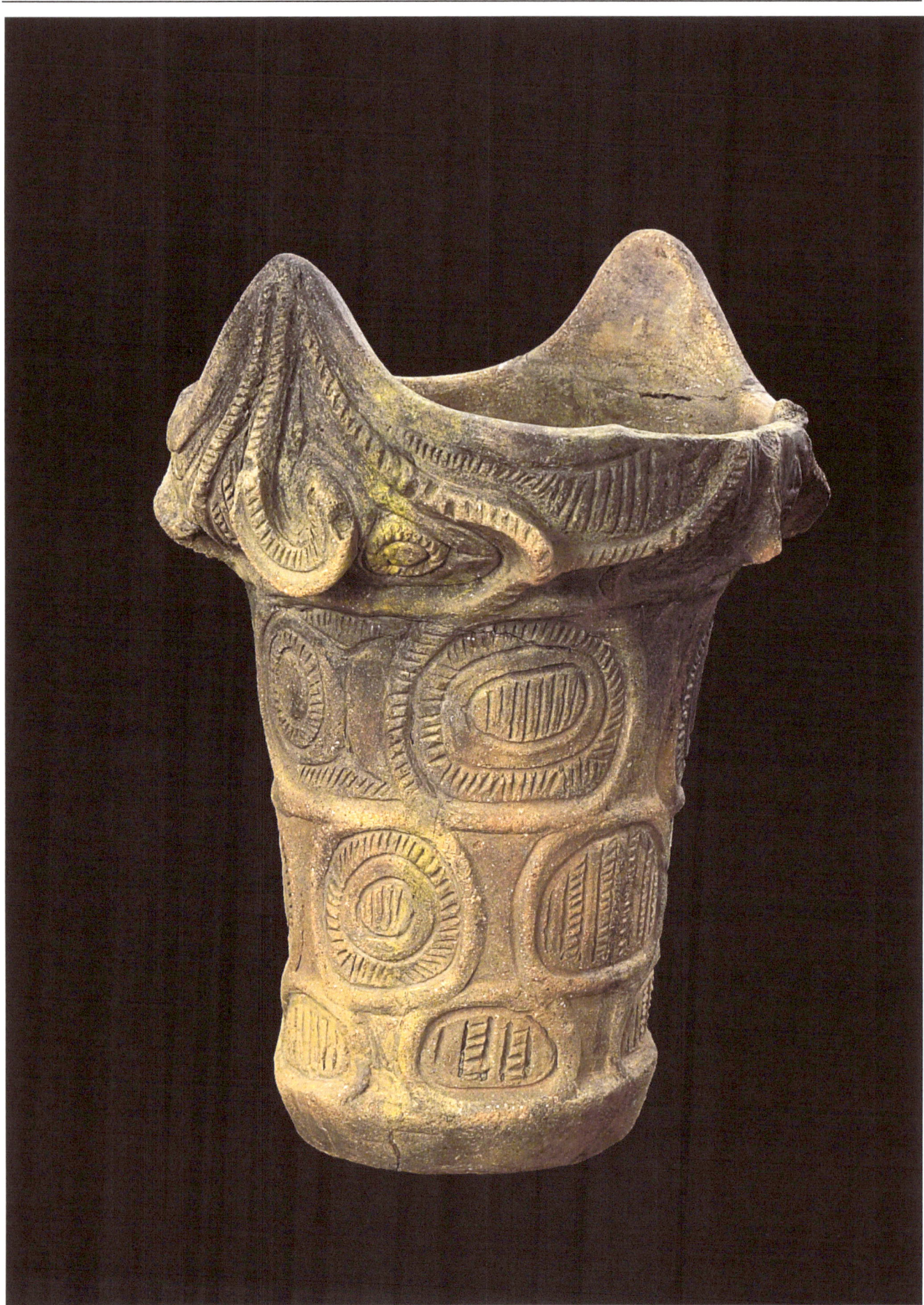

楕円区画文深鉢（だえんくかくもんふかばち）

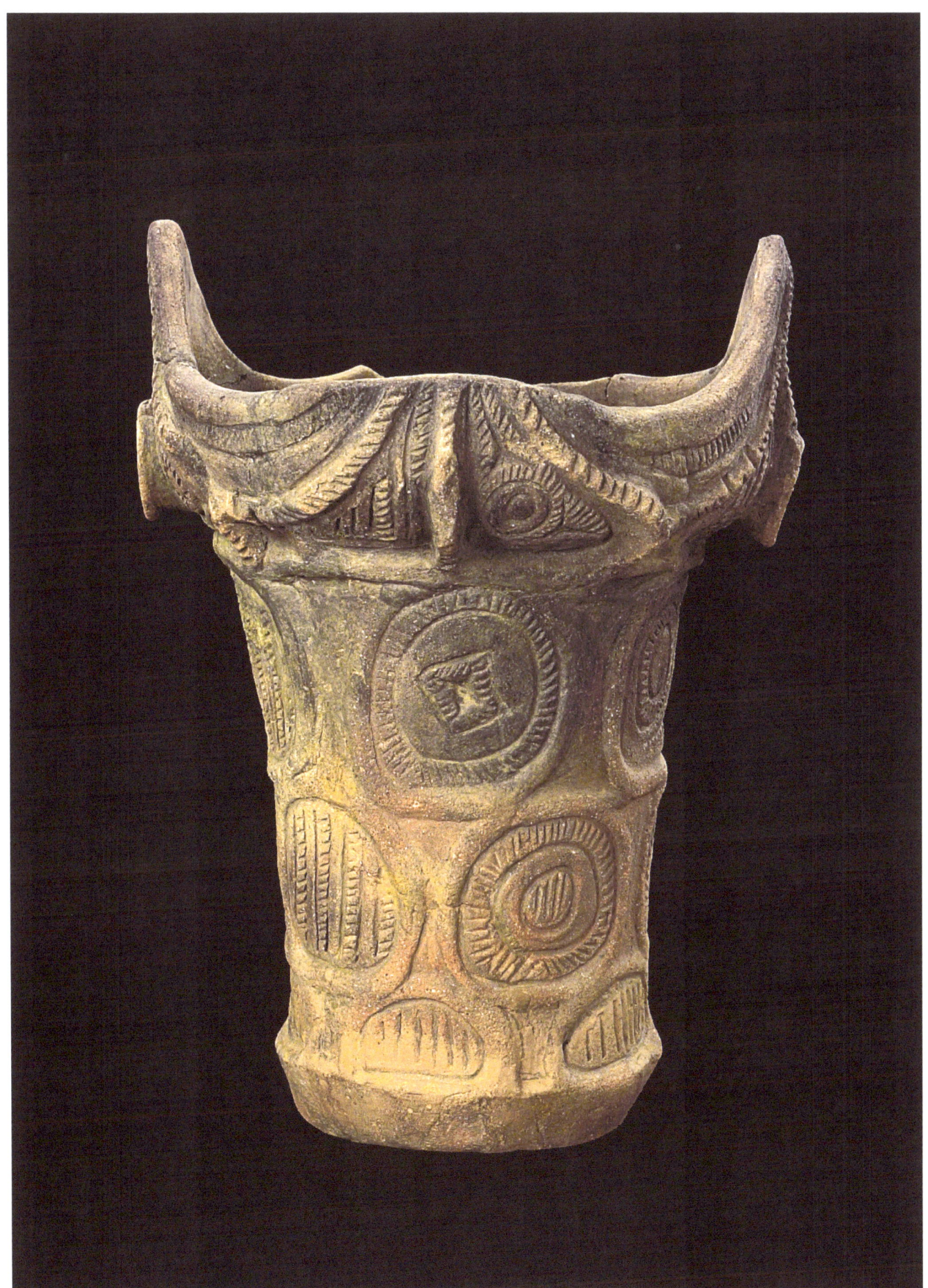

素文口縁深鉢（そもんこうえんふかばち）
藤内遺跡（とうないいせき）
藤内Ⅰ式
藤内32号住居址貯蔵穴 出土
昭和59年(1984年)発掘
縄文中期中葉
約4700年前
39.2cm(高さ), 22.5cm(口径)
藤内報告書　P.134
ID-081

　貯蔵穴に入っていた素文内湾口縁の深鉢。頸部の四方には、細長い楕円文が配される。楕円の右辺はどれも高くつくられ、縁には刻みがつく。それらの下には低い隆線による似たような文様が描かれている。対面する一対は菱形の右半分のかたち。一つは右側の隆線が下手から巻いて、終点に円文がつく。残る一つは欠損が多いがＹ字のようなかたちとみられる。これらの周囲は輪積み痕の残るざらざらとした質感のままである。中が無文地の半菱形の右上には、細かな三角の押引文で二重円と矢印状の図文がしるされている。左手にも同様な矢印形が表されているが、円形の部分は欠損している。

　外壁の下半分は橙色に変色し、上半部にはくっきりとした煤が全面に付着している。内壁は、底から2cm上がった箇所から、8cm幅でお焦げが帯状についている。

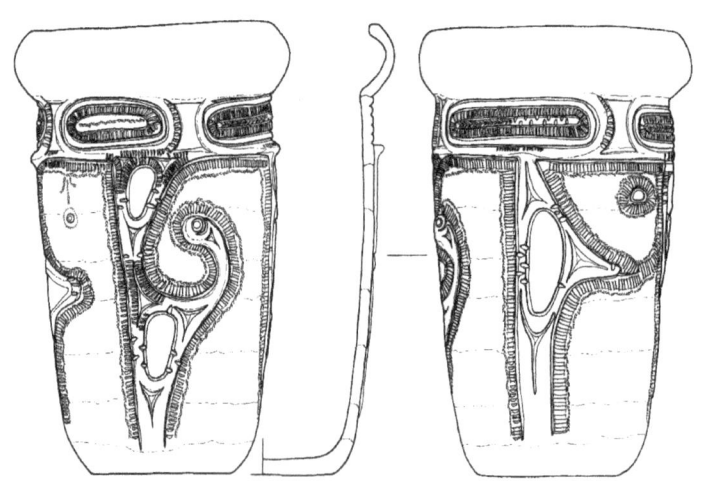

素文口縁深鉢（そもんこうえんふかばち）

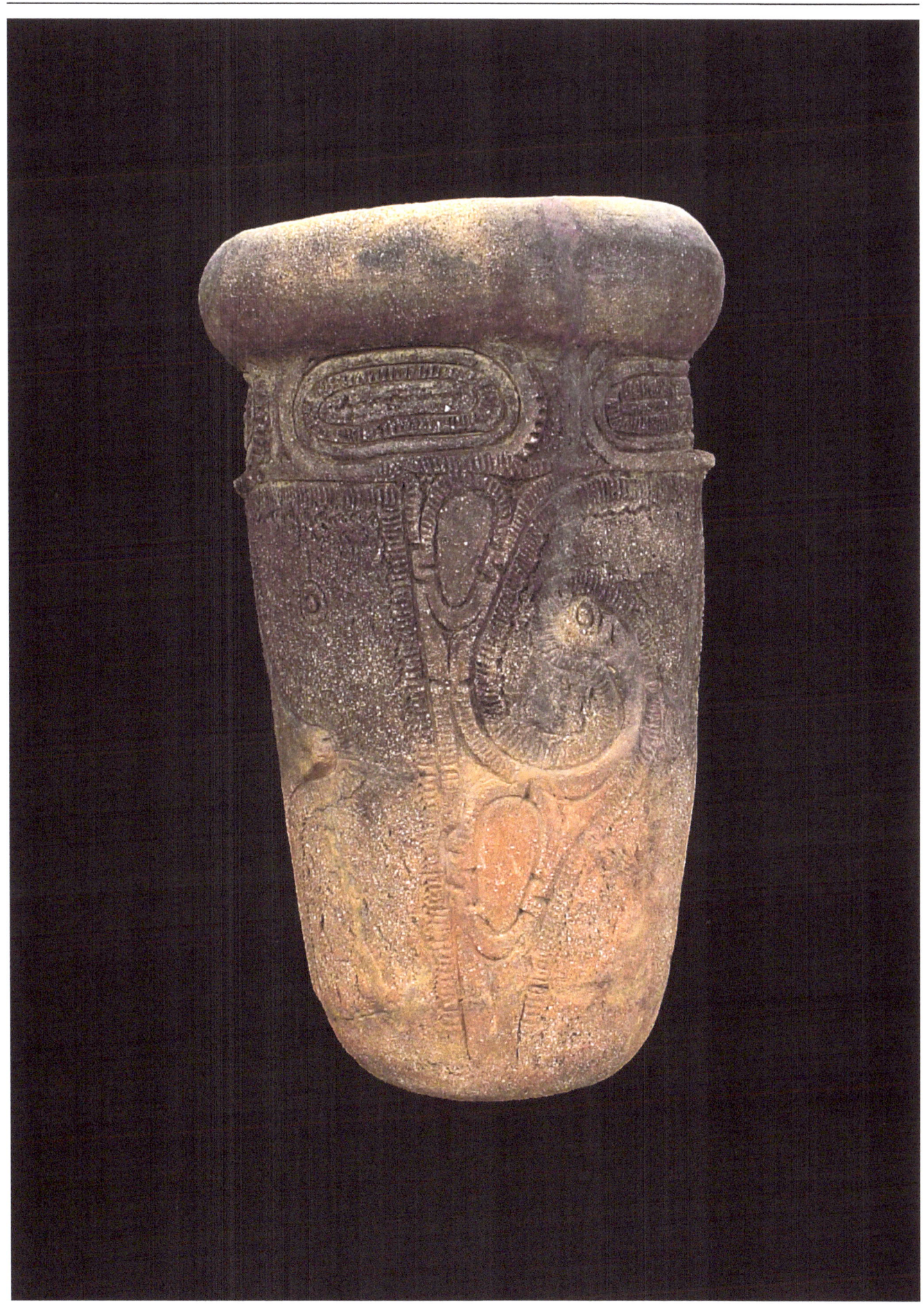

素文口縁深鉢（そもんこうえんふかばち）

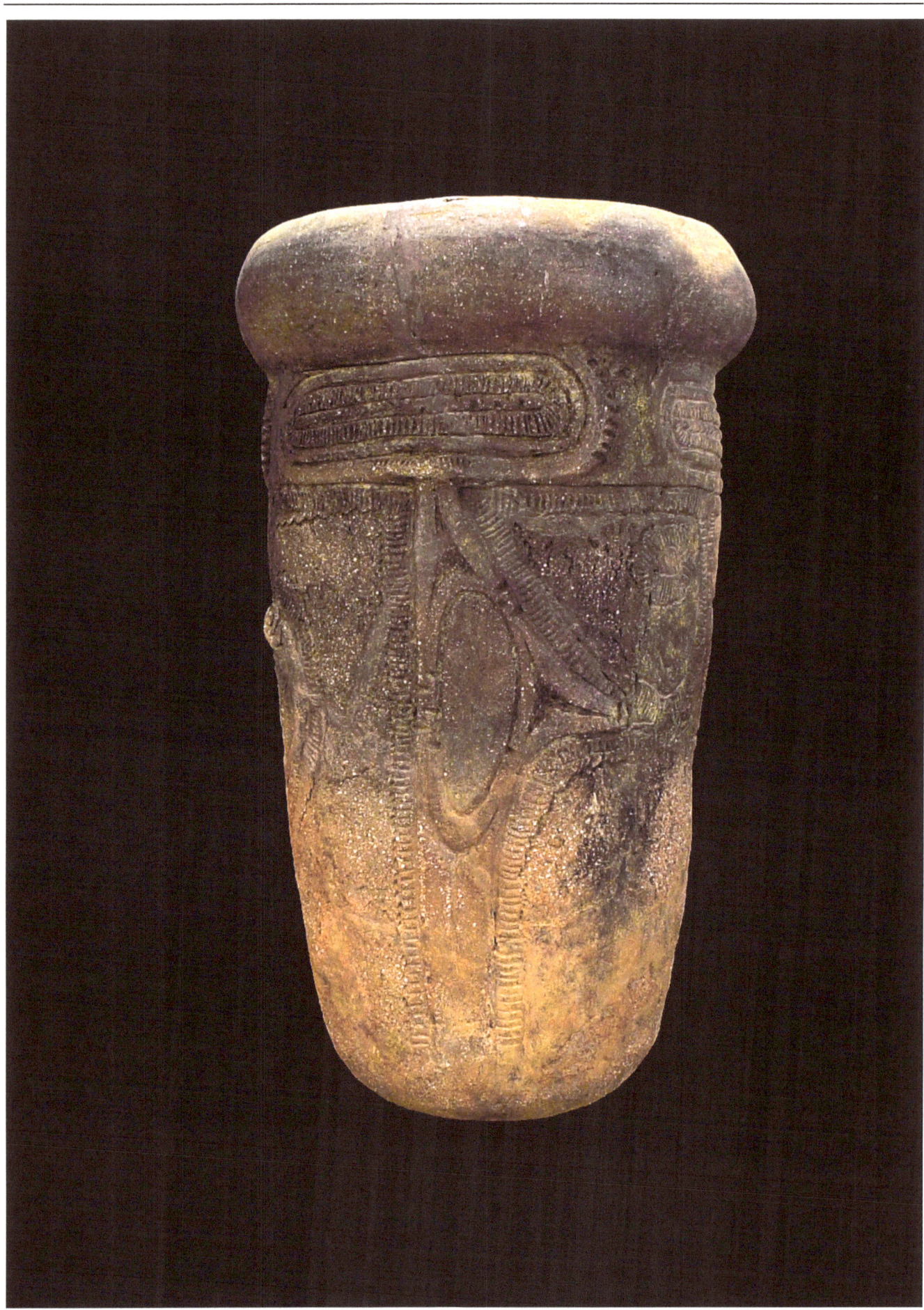

素文口縁深鉢（そもんこうえんふかばち）

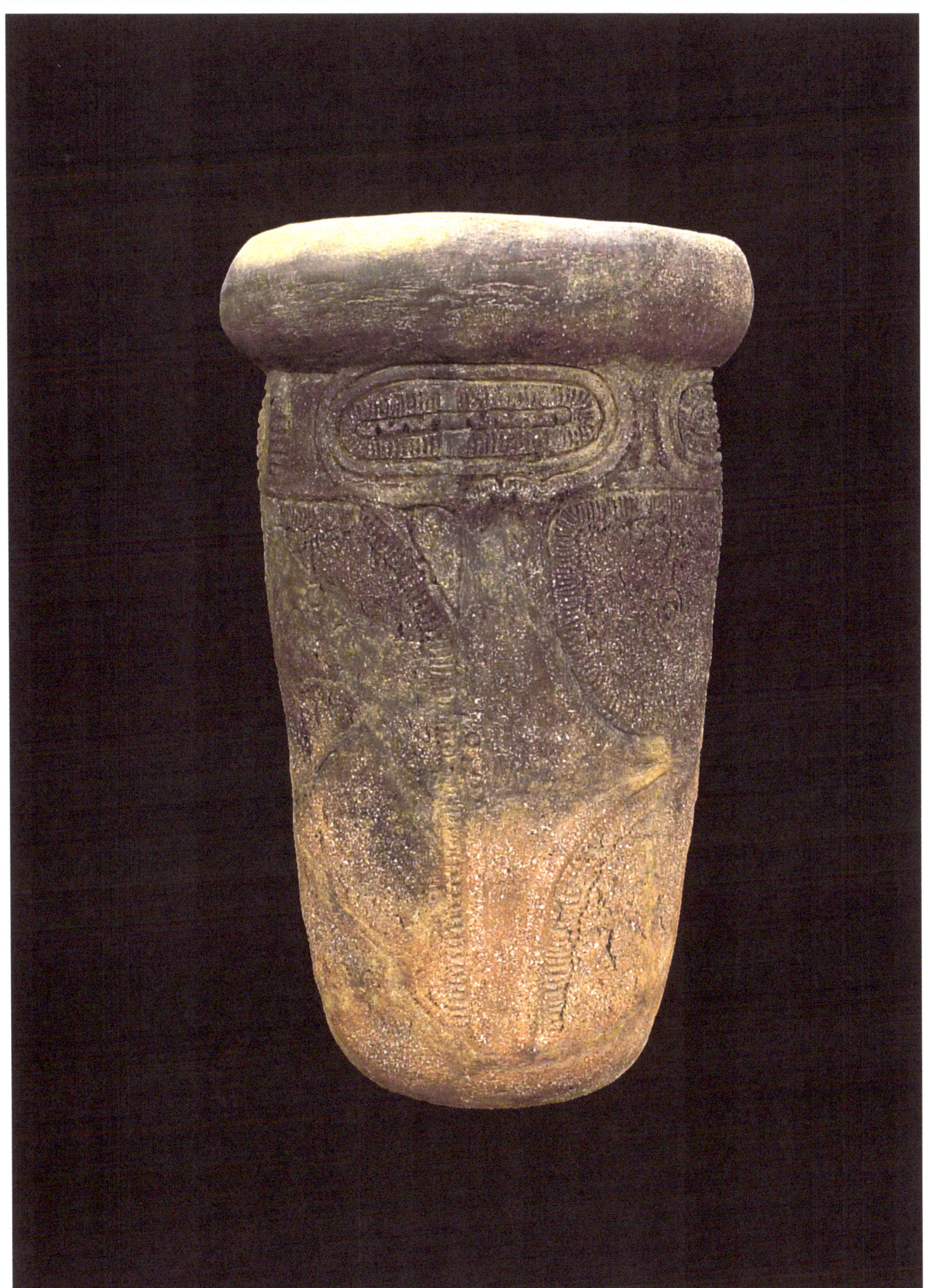

蛇文双眼深鉢（じゃもんそうがんふかばち）
藤内遺跡（とうないいせき）
井戸尻Ⅰ式
藤内32号住居址上面 出土
昭和59年(1984年) 発掘
縄文中期中葉
約4500年前
48.6cm(高さ), 28.0cm(口径)
藤内報告書 P.137
ID-082

　短い素文口縁が水平に内屈し、肩部が膨れる屈折底の深鉢で縄文地、口縁上に双眼の造形を戴く。頸部の双環と双眼の造形の先端、それに底部を欠く。双眼を正面にする側のやや左寄りには、底近くから真っ直ぐに胴を這い、横向きに少し口をあけた蛇と思しき図像がある。
　下半は膚荒れが目立ち、上半部には煤が所々に付着している。よく使われたらしく、器膚が疲れている。

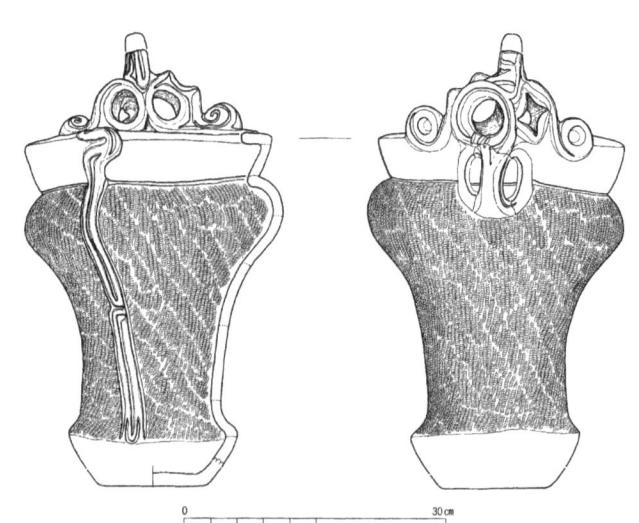

蛇文双眼深鉢（じゃもんそうがんふかばち）

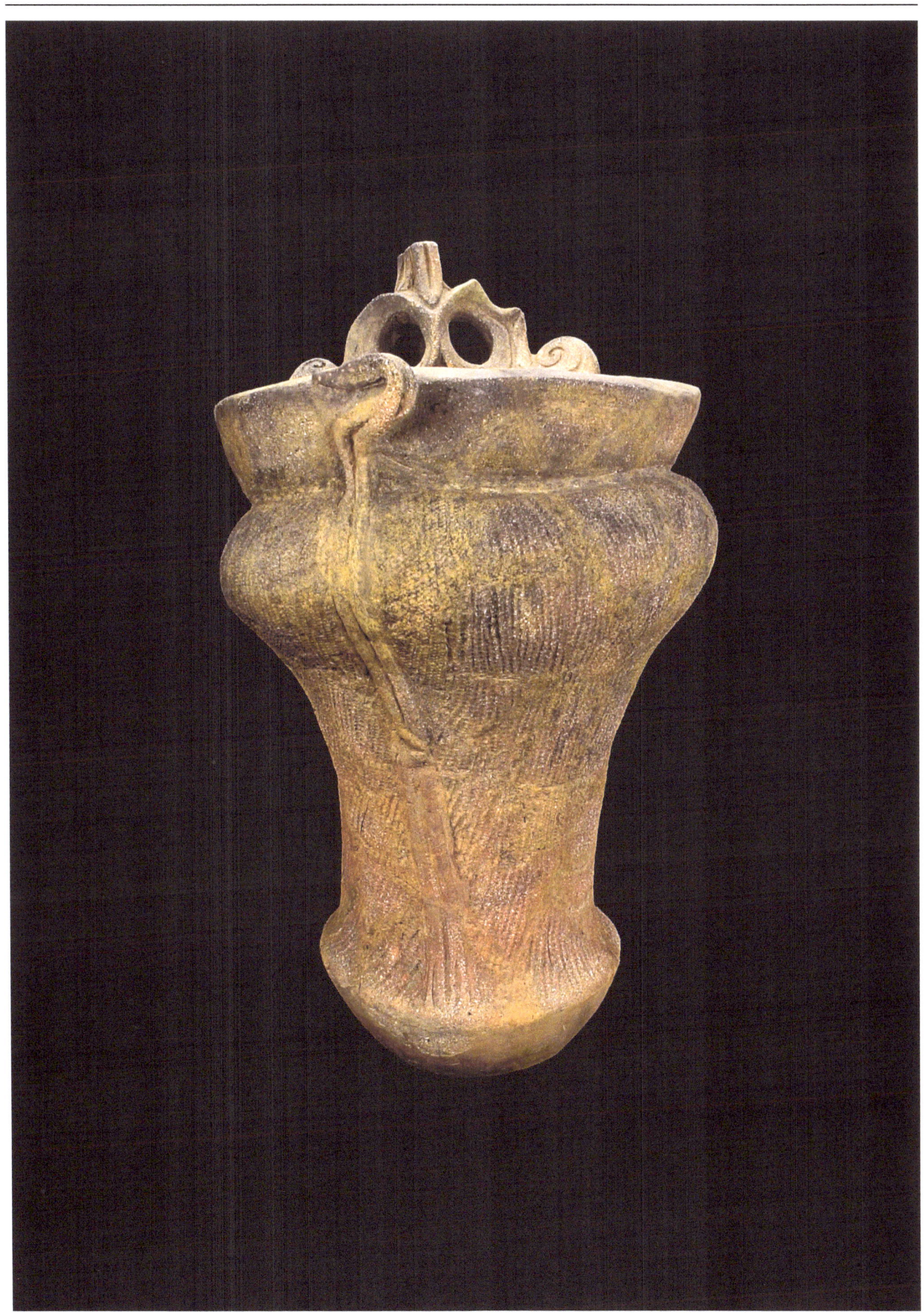

蛇文双眼深鉢（じゃもんそうがんふかばち）

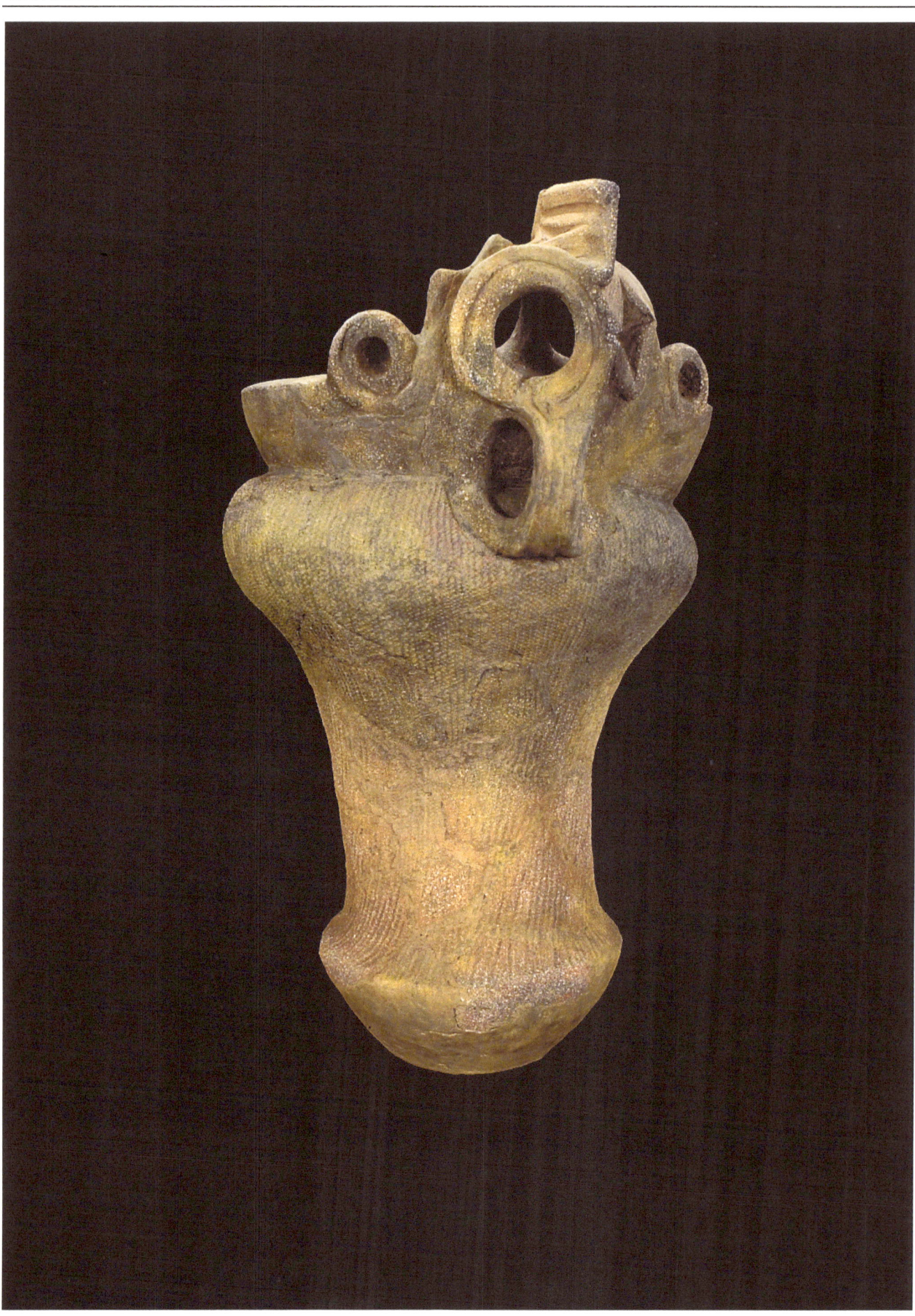

蛇文双眼深鉢（じゃもんそうがんふかばち）

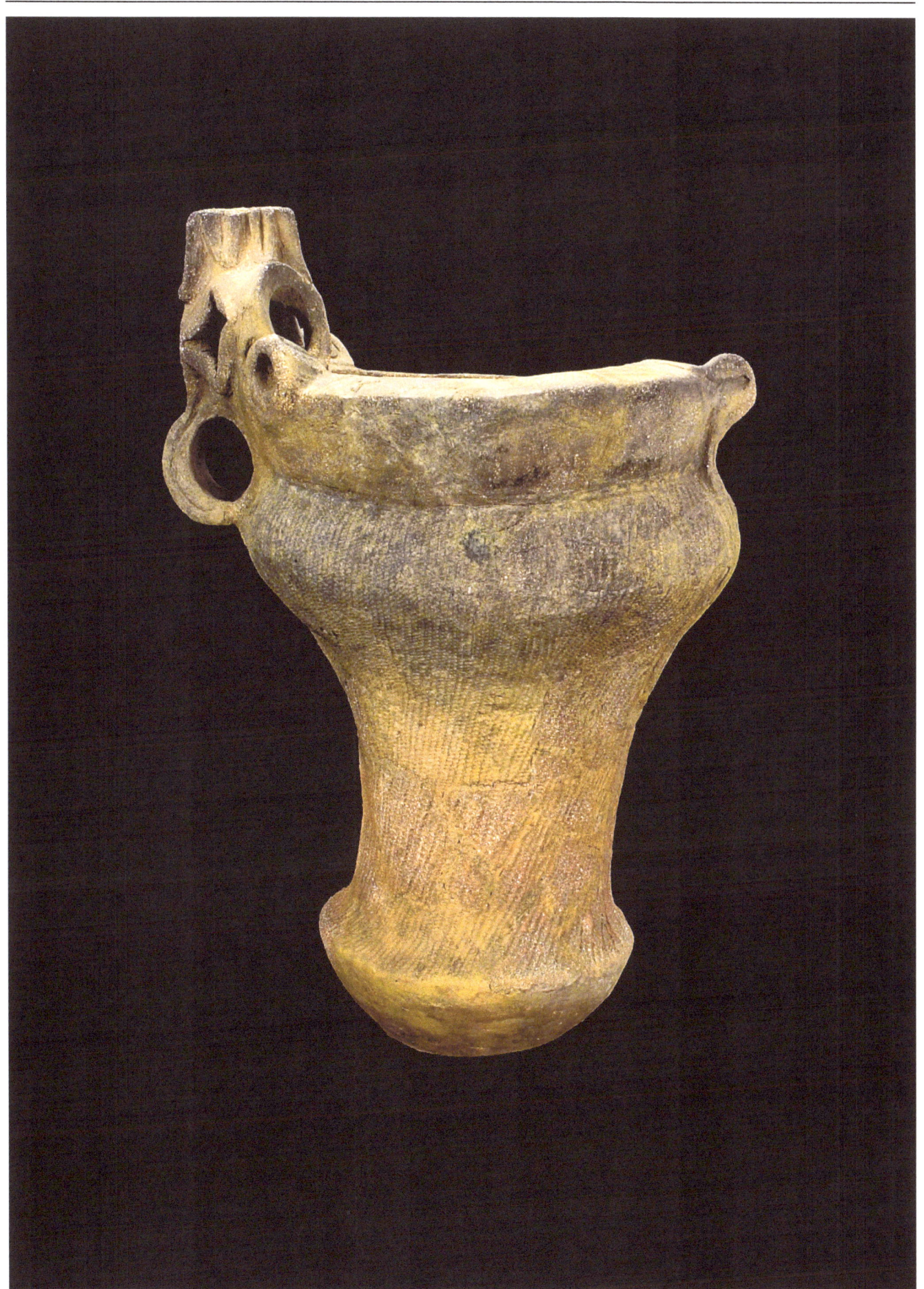

蛇文双眼深鉢（じゃもんそうがんふかばち）

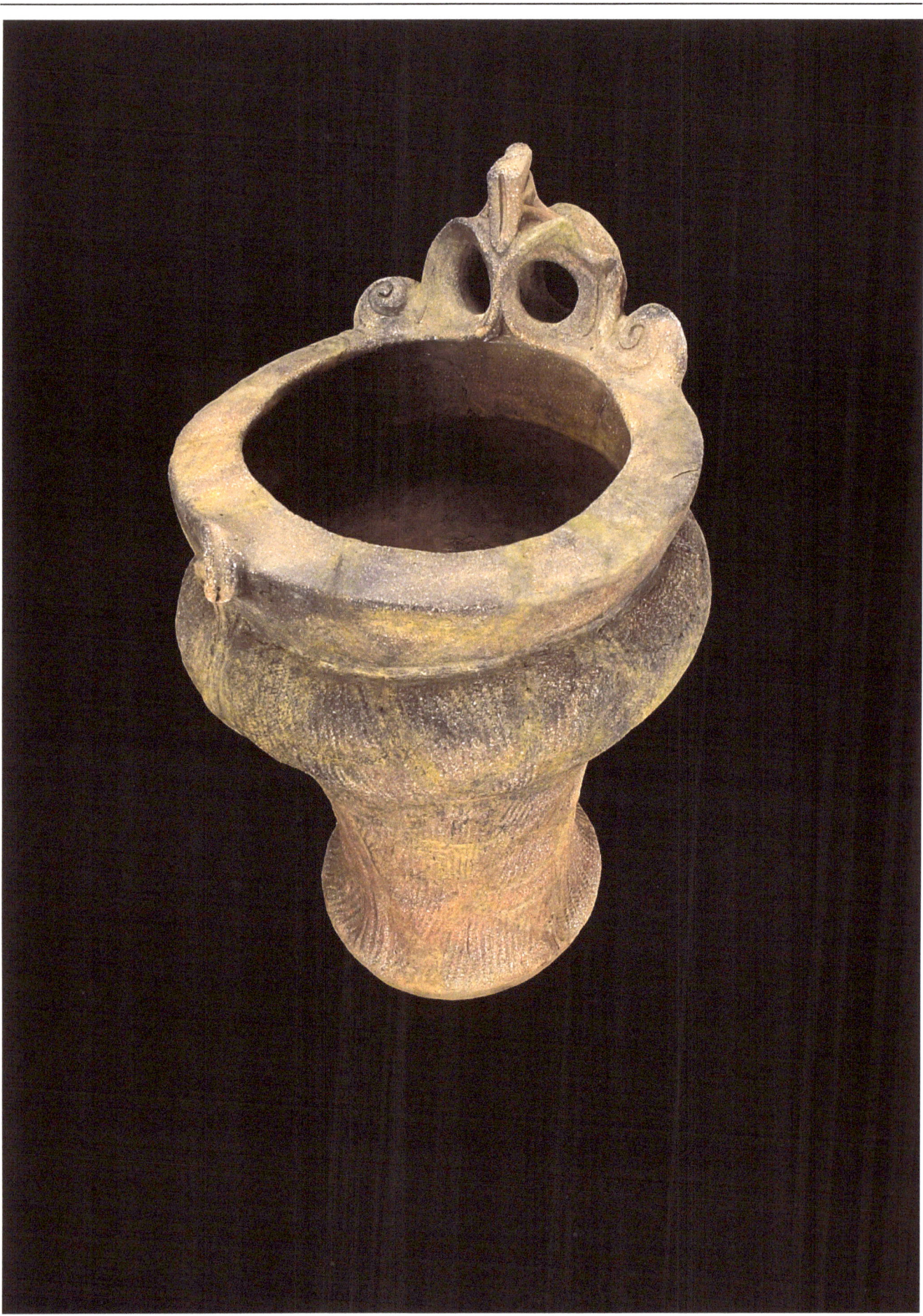

蛇文双眼深鉢（じゃもんそうがんふかばち）

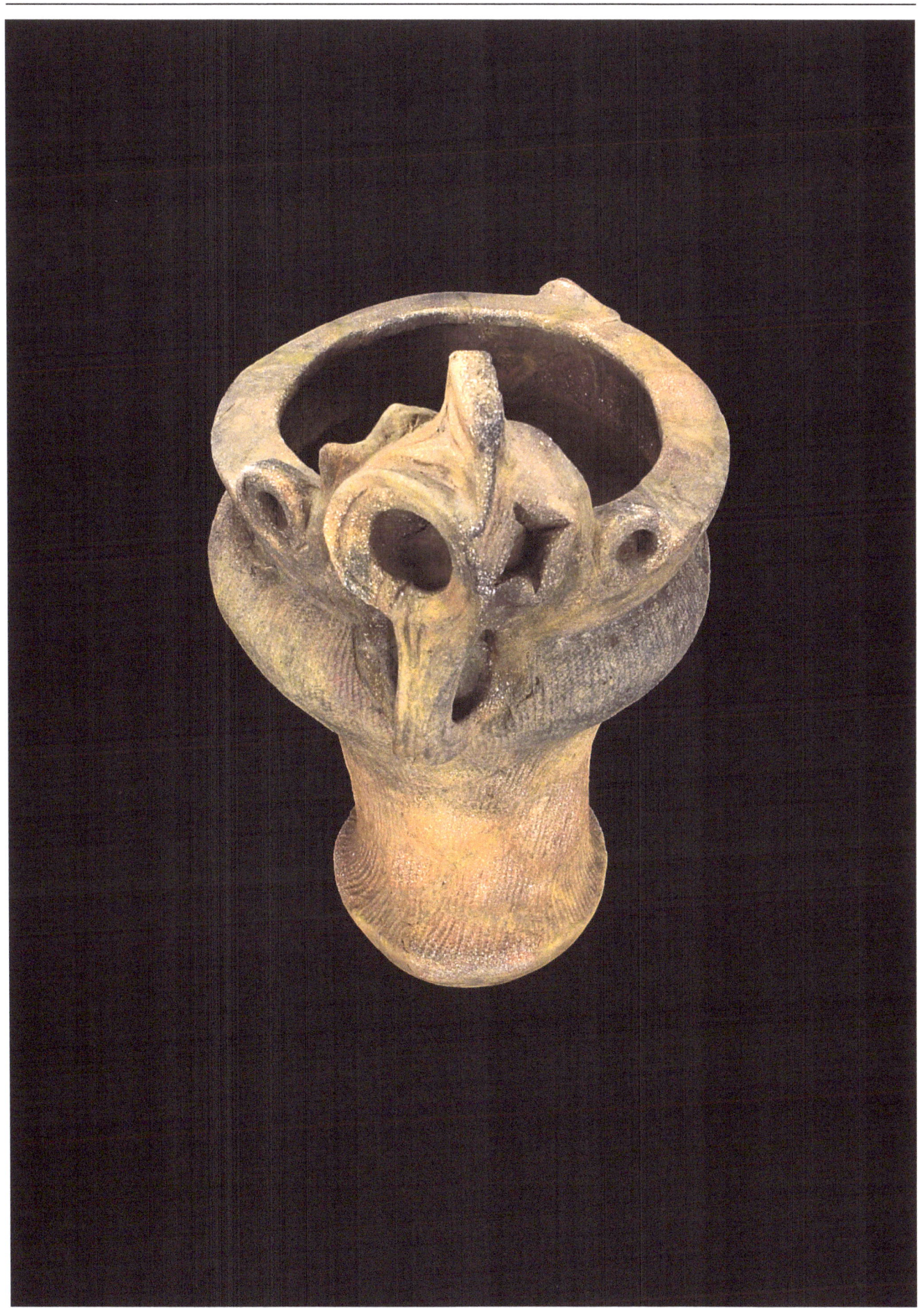

目を戴く変形みづち文深鉢
(めをいただくへんけいみづちもんふかばち)
藤内遺跡（とうないいせき）
藤内Ⅰ式
藤内32号住居址下部 出土
昭和59年(1984年)発掘
縄文中期中葉
約4700年前
48.4cm(高さ), 30.0cm(口径)
藤内報告書 P.134
ID-083

　箍（たが）状口縁の深鉢。口縁上には、口唇を両側から合わせるようにして逆雫形の孔を貫通させた山形突起を設け、小さな双環と三角形の小さな突起を添えている。胴部は三段の文様帯で構成される。上段には、細かく平行線を引いた後に三角形や菱形に器面を彫り凹めて透かし風に仕上げている。二段目は長楕円が四つ。胴下半の三段目にはみづち文を抽象化したような文様が一対、描かれる。底部には輪積み痕が残される。
　器体の下方三分の一は赤く変色し、その上方は黒っぽい。内壁は、底面を除いて半分近くまで黒変している。

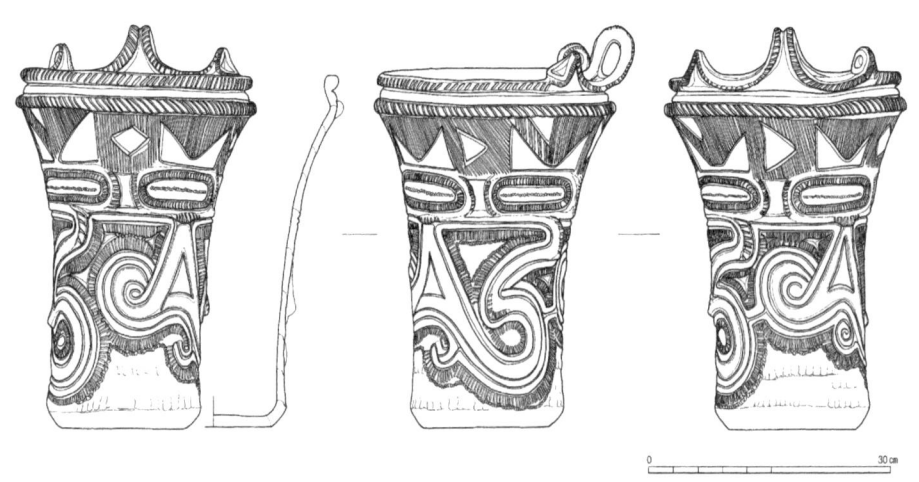

目を戴く変形みづち文深鉢（めをいただくへんけいみづちもんふかばち）

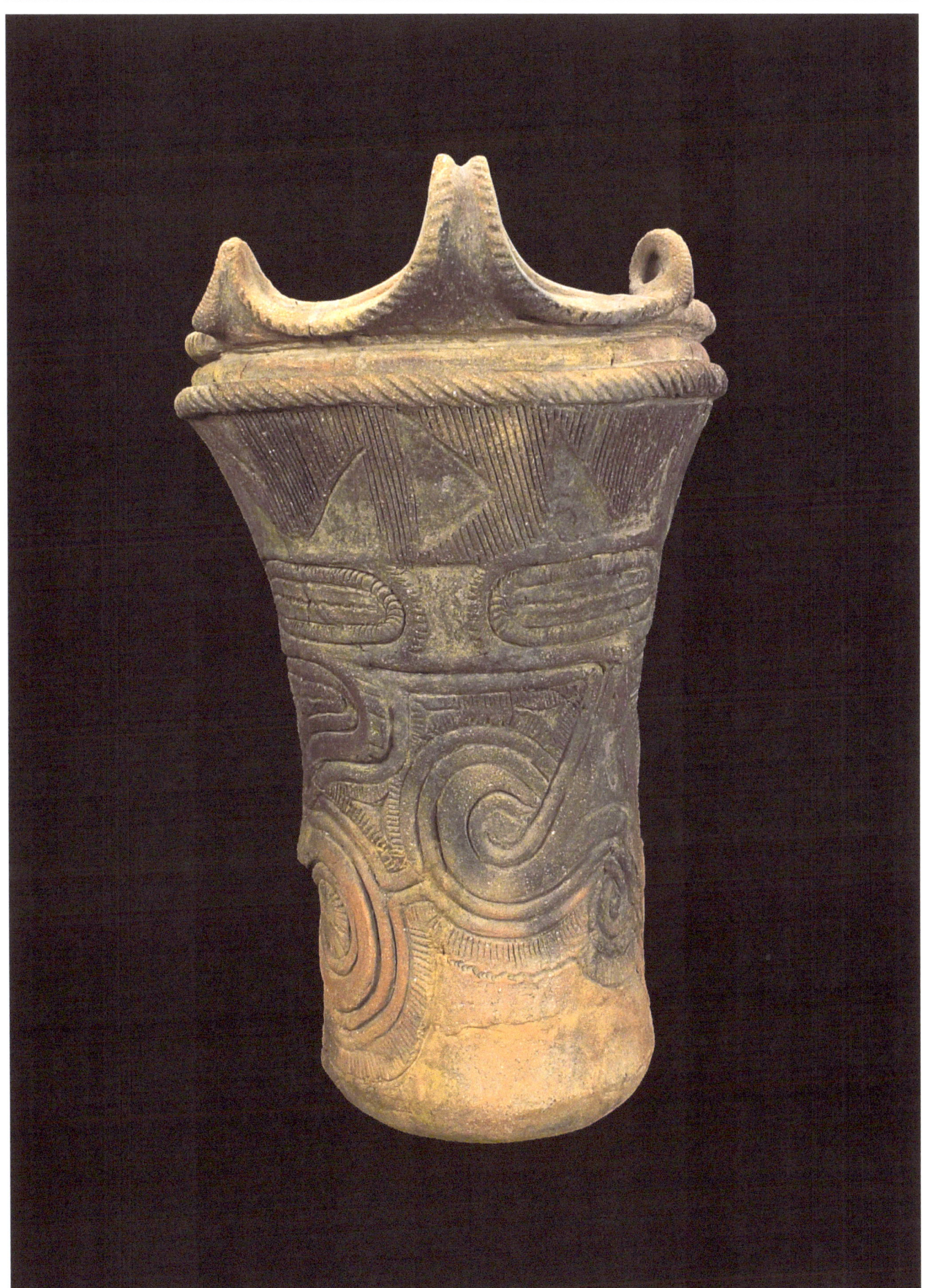

目を戴く変形みづち文深鉢（めをいただくへんけいみづちもんふかばち）

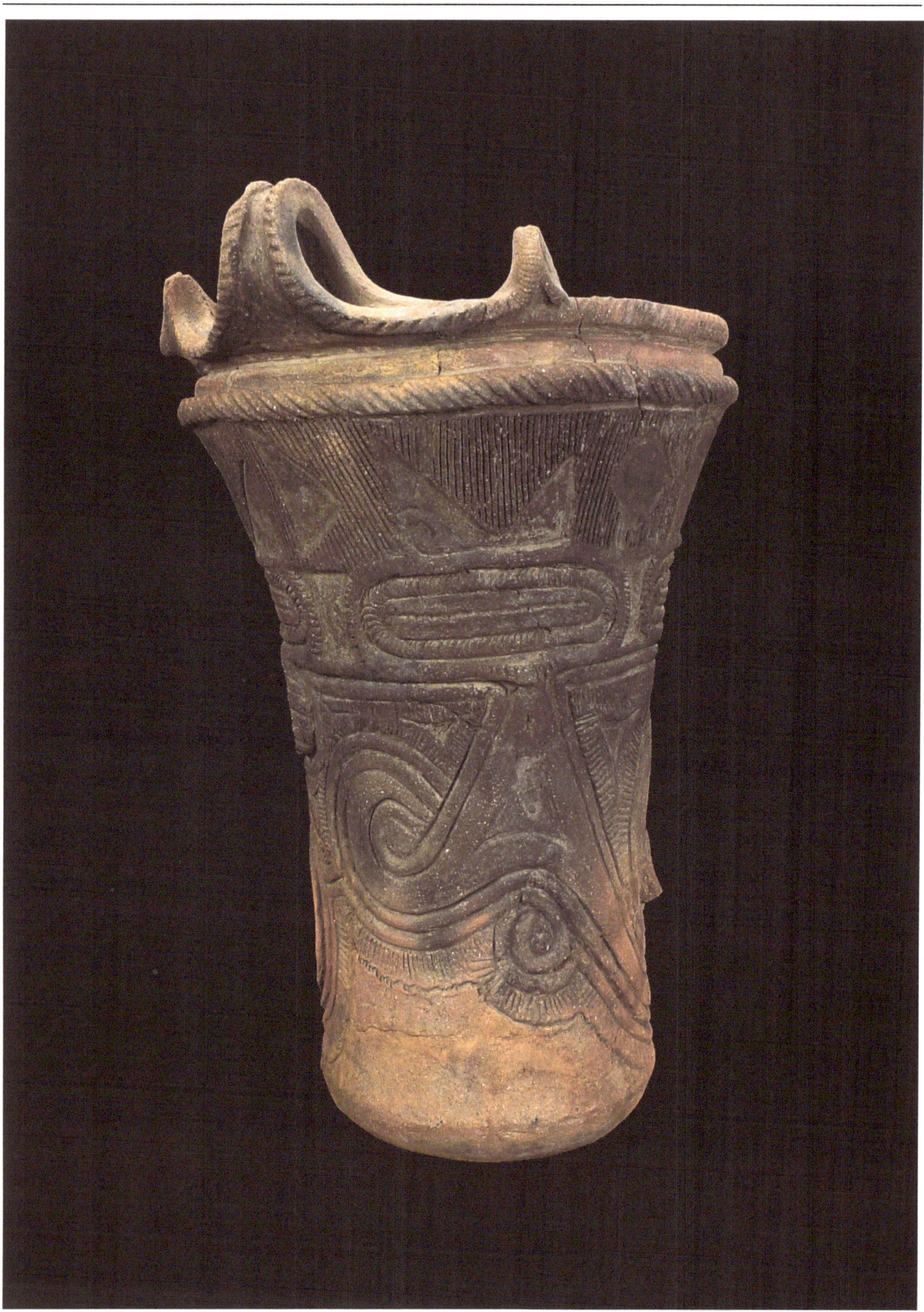

目を戴く変形みづち文深鉢（めをいただくへんけいみづちもんふかばち）

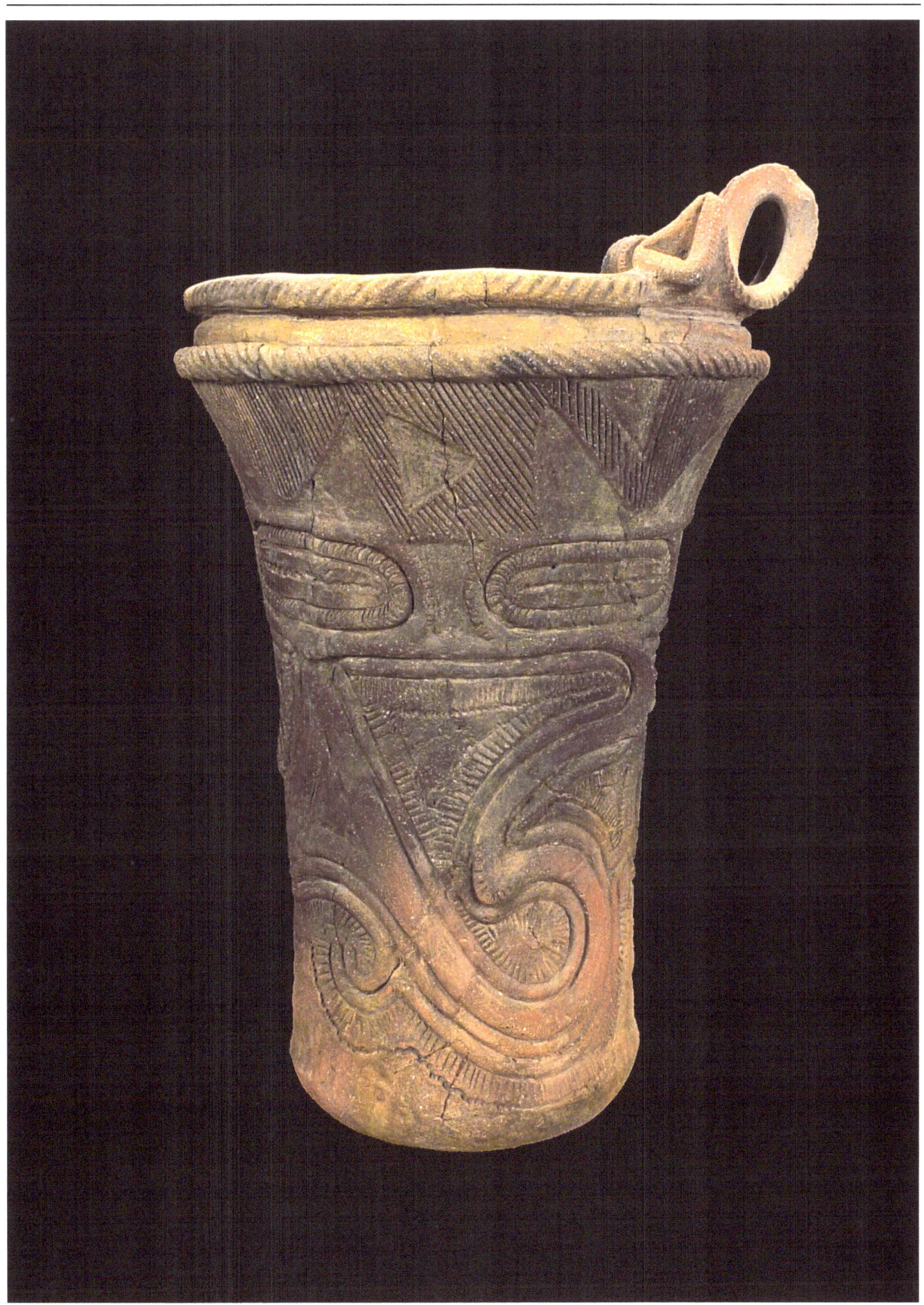

図録 井戸尻の縄文土器 全8巻

本図録は、長野県富士見町井戸尻考古館ならびに、以下、アマゾンのサイトからご購入いだだけます。

モノクロ版　http://www.amazon.co.jp/
カラー版　　http://www.amazon.com/

　井戸尻考古館では、主として縄文土器・土偶に関し、かねてより発掘資料の画像データベース化を進めてきましたが、この度、一般向けに遺跡別の図録をオンデマンド出版のかたちで刊行することになりました。写真については画像データベース構築の際に撮影した多視点画像のうち、土器ごとに最小3点を選び、1ページに1点という方針で割り付けることに」しています。遺跡ならびに土器については、藤森栄一編「井戸尻」、富士見町教育委員会編「藤内」「曽利」「唐渡宮」など各遺跡の調査報告書を基に井戸尻考古館が解説を加えています。

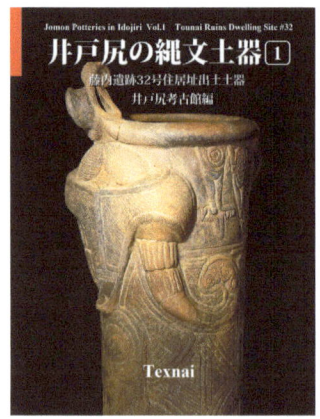

第1巻
藤内遺跡32号住居址出土土器
10点
レターサイズ　64ページ
既刊

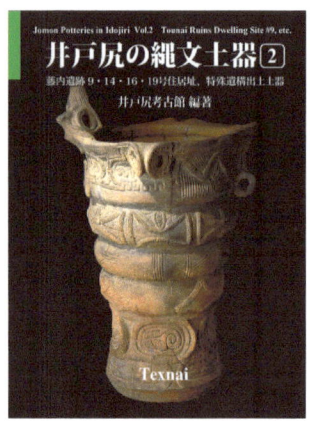

第2巻
藤内遺跡9・14・16・19号
住居址・特殊遺構出土土器15点
レターサイズ　76ページ
既刊

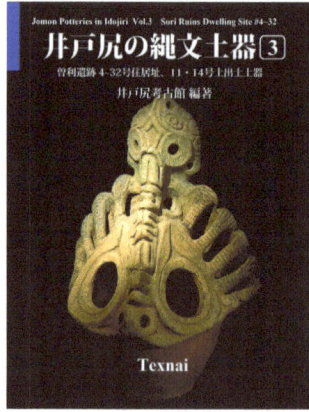

第3巻
曽利遺跡4・20・29・30・32号
住居址他出土土器12点
レターサイズ　64ページ
近刊

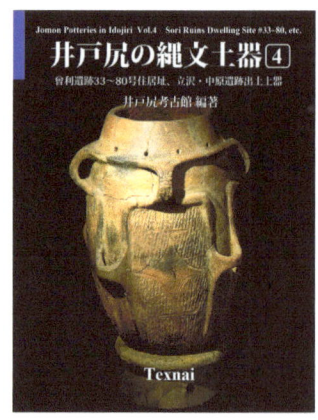

第4巻
曽利遺跡33～80号住居址、立沢・
中原遺跡出土土器13点
レターサイズ　68ページ
近刊

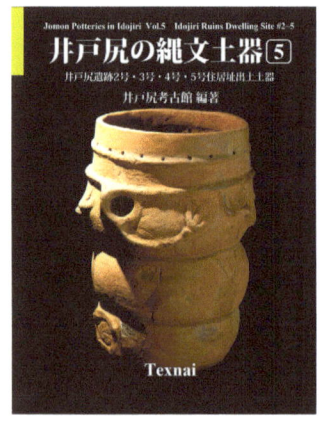

第5巻
井戸尻遺跡2号・3号・4号・5
号住居址出土土器11点
レターサイズ　64ページ
近刊

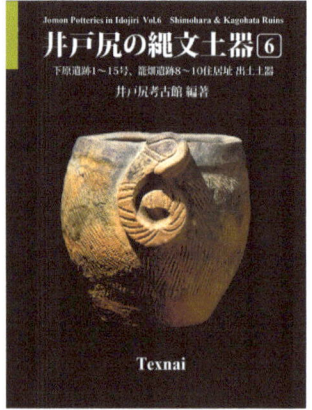

第6巻
下原遺跡1～15号住居址、籠畑・
遺跡出土土器12点
レターサイズ　68ページ
近刊

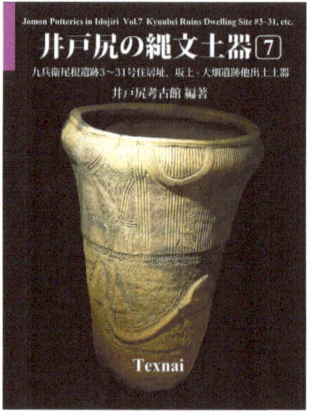

第7巻
九兵衛尾根遺跡2～15号住居址、
岩久保・坂上・大畑遺跡他出土土器
12点
レターサイズ　64ページ
近刊

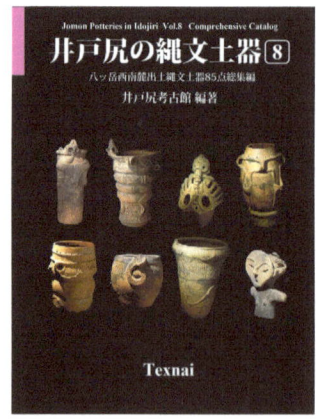

第8巻
井戸尻の縄文土器　総集編85点
レターサイズ　448ページ
近刊

※ 近刊のページ数、内容・掲載土器点数は予告なく変更される場合があります。

編集：長野県富士見町井戸尻考古館　　発行元：株式会社テクネ　東京都渋谷区宇田川町2－1　Tel：03-3464-6927　info@texnai.co.jp

www.ingramcontent.com/pod-product-compliance
Lightning Source LLC
Chambersburg PA
CBHW051207220526
45473CB00003B/936